T0027000

¡YA SUPÉRALO!

CÉSAR LOZANO

¡YA SUPÉRALO!

TE ADAPTAS, TE AMARGAS O TE VAS

AGUILAR

Primera edición: octubre de 2019

© 2019, César Lozano

© 2019, derechos de edición mundiales en lengua castellana:
Penguin Random House Grupo Editorial, S. A. de C. V.
Blvd. Miguel de Cervantes Saavedra núm. 301, 1er piso,
colonia Granada, alcaldía Miguel Hidalgo, C. P. 11520,
Ciudad de México
© 2021, de la presente edición en castellano:
Penguin Random House Grupo Editorial USA, LLC.
8950 SW 74th Court, Suite 2010
Miami, FL 33156

www.megustaleerenespanol.com

© Penguin Random House / Amalia Ángeles, por el diseño de portada e interiores
© iStock, por las ilustraciones de portada e interiores
© Jesús de la Cruz, por la fotografía del autor

Penguin Random House Grupo Editorial apoya la protección del copyright.
El copyright estimula la creatividad, defiende la diversidad en el ámbito de las ideas
y el conocimiento, promueve la libre expresión y favorece una cultura viva. Gracias por comprar una
edición autorizada de este libro y por respetar las leyes del Derecho de Autor y copyright. Al hacerlo está
respaldando a los autores y permitiendo que PRHGE continúe publicando libros para todos los lectores.
Queda prohibido bajo las sanciones establecidas por las leyes escanear, reproducir total o parcialmente
esta obra por cualquier medio o procedimiento así como la distribución de ejemplares mediante alquiler o
préstamo público sin previa autorización.
Si necesita fotocopiar o escanear algún fragmento de esta obra diríjase a CemPro
(Centro Mexicano de Protección y Fomento de los Derechos de Autor, https://cempro.com.mx).

ISBN: 978-1-64473-084-3

Impreso en Estados Unidos – *Printed in USA*

21 22 23 24   10 9 8 7 6 5

ÍNDICE

AGRADECIMIENTOS

Debo reconocer que nunca estuvo en mis planes y proyecto de vida escribir nueve libros; por esta razón, agradezco infinitamente a mi Dios por abrirme los caminos y el entendimiento para convertir en vida y mensaje esta maravillosa misión que he descubierto y con la que deseo tocar, de alguna manera, la vida de quienes me ven, me leen o me escuchan.

Agradezco a mi sello editorial, Aguilar, de Penguin Random House, por la confianza depositada en mí durante tantos años.

A mi editor, David García, por su motivación para plasmar en un libro todo lo que la vida me ha enseñado.

A César Ramos, por su entusiasmo y profesionalismo para ayudarme a expresar con más claridad las ideas y conceptos que este libro contiene.

A mi hermana Gabriela Lozano, quien desde el primer libro ha sido la mejor correctora de estilo que he tenido.

A mi esposa Alma y a mis hijos César y Alma, por ser una vez más cómplices y motor fundamental en todos mis proyectos de vida.

Gracias a quienes directa o indirectamente compartieron sus historias de vida conmigo y se convirtieron en una razón más para escribir, sólo deseo que su ejemplo y testimonio toquen las fibras de tu corazón y te lleven a la acción.

Y, sobre todo, gracias a ti, querido lector y lectora, por tener en tus manos este libro que te ayudará enormemente a superar las adversidades de la vida.

Todo es por algo y para algo, y sé que tener este libro contigo no es casualidad: deseo de todo corazón que lo leas de principio a fin y compruebes, una vez más, que la vida es mucho más que nuestros problemas.

INTRODUCCIÓN

¡Ya supéralo!

Cuántas veces hemos dicho esta sentencia a quien sufre alguna pena y se encuentra en el pozo de la desesperanza y el dolor. La decimos siempre con el deseo de que esta persona supere su conflicto como por arte magia, ya sea porque la amamos o nos afecta su actitud.

También la hemos escuchado cuando somos nosotros los que vivimos alguna crisis y así nos dicen porque desean que abramos los ojos al entendimiento para salir de una vez por todas del círculo de dolor que nos lacera el alma.

Claro que "del dicho al hecho hay mucho trecho", y estoy seguro de que coincides conmigo en que no siempre es fácil superar las adversidades a las que nos enfrentamos, fruto de nuestros propios actos y decisiones, o por influencia de alguien que directa o indirectamente daña nuestra vida.

Nadie dijo que la felicidad es la ausencia de problemas, por eso superar las adversidades se convierte en una necesidad imperiosa para mantener nuestra estabilidad emocional y, por consiguiente, para ser personas alegres.

Quiero confesarte algo: este libro fue escrito durante el año que emocionalmente más pruebas he tenido por diversas circunstancias adversas, como la desilusión, la traición, la imaginación destructiva propia y de personas que más amo, aunado a otras emociones negativas que mermaron mi estabilidad y pusieron a prueba mi fe.

En estas páginas hay una serie de confesiones sobre mi vida privada, mis experiencias más cercanas con el dolor y la confusión. No fue fácil expresarlas, pero quiero ser congruente y contar no sólo lo que se puede hacer para resolver un conflicto, sino también decirte lo que hice para resolver diversas crisis, angustias y sufrimientos.

"¿Qué quieres hacer con el dolor?", me pregunté en una ocasión. "¿Lo sufro constantemente, me victimizo, lo expreso o lo acepto?" En otras palabras, *¡me adapto, me amargo o me voy!*

Decidí adaptarme y dejar que fluyera lo que no puedo modificar, decidí aceptar a la gente como es, aprendí las lecciones para no repetirlas más y puse distancia emocional o física a quienes creo que no merecen estar en mi círculo cercano.

Me adapto a lo que no puedo cambiar pero deseo tener cerca de mí, recordando que la perfección sólo la tiene mi Dios.

Decidí evitar la amargura del victimismo y la queja constante ante lo que me toca vivir pues, a final de cuentas, la adversidad se convierte en lecciones que me acercan a la madurez y me ayudan a recordar lo vulnerable que soy.

Además, tomé la decisión que consideré más importante: escribir este libro que hoy tienes en tus manos, con el deseo de que mi experiencia te ayude a sobrellevar las adversidades a las que te enfrentes y que, en muchas ocasiones, no puedes evitar.

Quiero decirte que conforme avances en cada página conocerás más de mí y estoy seguro de que te identificarás con muchas cosas que aquí comparto.

Llámale lecciones, pruebas, adversidades, crisis o barreras a todo lo que nos mueve de nuestra zona de confort, lo cierto es que de ti depende si *eso* se convierte en detonador para transformarte en un ser más fuerte después del dolor.

Bendita vida que me ha permitido presentarme frente a millones de personas deseosas de tener estrategias para sobrellevar las crisis de todo tipo.

Agradezco profundamente a mi Dios, que abrió los caminos para permitirme estar en contacto contigo a través de este libro. Deseo que lo leas, lo sientas, lo vivas y, sobre todo, apliques las recomendaciones que te hago para decidir qué hacer ante lo que buscas superar: *te adaptas, te amargas o te vas.*

La decisión es tuya, sólo deseo que, una vez más, disfrutes el verdadero *placer de vivir.*

YA SUPÉRALO: HASTA PARA DISCUTIR HAY NIVELES

No es lo que digo, ¡es cómo lo digo!

¡Hay ni-ve-les!

¡La basura se recicla!

¡Hasta los perros tienen razas! Por cierto, los perros criollos, llamados comúnmente callejeros, son los más nobles y agradecidos. Me pregunto: "¿Qué raza será mejor?" Lo digo por los perros que he tenido el gusto de adoptar, todos criollos, "de la calle". Renata es una perrita que llegó a mi finca campestre toda maltratada por unos depredadores de la raza humana, personas sin principios que la amarraban y la golpeaban. Podría jurar que la perra entendió cuando la invité a vivir en la finca. Corría de un lado a otro moviendo la cola como si agradeciera por recibirla en un nuevo hogar. Bueno, esta historia no es el tema de este capítulo, pero al decir que hasta los perros tienen razas recordé que mi raza preferida son los perritos criollos.

Pero bueno, pasemos a lo que realmente importa en este capítulo.

Hay niveles económicos y niveles de formación o educación. Y es precisamente eso lo que deseo aclarar porque se pone en entredicho ese nivel en las reacciones que tenemos ante situaciones adversas.

"Levante la mano quién conoce o tiene pareja, amigo o familiar que jamás discute acaloradamente." Esta pregunta la hago con frecuencia en algunas de las conferencias que doy.

Puedo afirmar que hasta este momento, querida lectora, querido lector, he realizado esta pregunta a más de 50 000 personas, de las cuales sólo aproximadamente 10 han levantado la mano, con la aclaración de que en estas personas en cuestión no hay ¡sordomudos! Aunque sé que en el lenguaje de señas también pueden realizarse discusiones pero no son tan agresivas, lacerantes y tan fuera de lugar como las que tenemos quienes nos jactamos de contar con todos y tan importantes sentidos.

¡Sólo 10 personas de entre 50 000 se consideraron verdaderos sacrosantos hombres o santísimas mujeres!, o sumisos, abnegados, brutos o tontas, depende del cristal con que lo mires y tu grado de enjuiciamiento.

Obviamente me he acercado a las personas que acompañan a esos seres iluminados para preguntarles si es verdad lo que sostienen al levantar la mano. Y en todos los casos sus parejas, hijos o padres me han afirmado con seguridad que así son, que no les gusta discutir, simplemente dan su opinión y, si por alguna razón no están de acuerdo con él o ella, siguen con la conversación o la actividad que realizan en ese momento.

Por supuesto que el aplauso sonoro y el reconocimiento de los asistentes nunca faltan y la sensación con la que me quedo es de admiración y, por qué no decirlo, de envidia a veces, por carecer de la templanza para no discutir por cosas que la mayoría de las veces son tonterías, insignificancias en las que deseo imponer mi voluntad o mi verdad y que, al paso del tiempo, no tienen ninguna importancia.

Obvio, todos tenemos el derecho y hasta diría que la obligación de expresar nuestros sentimientos. De decir "no quiero", "sí quiero", "no me gusta", "sí me agrada", "no estoy de acuerdo", "me parece correcto", "no voy", "sí voy", "no te creo", "no te quiero", "sí te quiero" y muchas otras más. Y estoy seguro de que estarás de acuerdo conmigo en que después de una acalorada discusión, donde muchas veces nadie gana o todos perdemos (además de que exponemos nuestra poca madurez al tratar de imponer nuestra verdad), nos quedamos sólo con una sensación lamentable de impotencia y amargura.

Dentro de la gran variedad de situaciones que pueden sacarnos de nuestras casillas está precisamente cuando se pone en tela de juicio nuestra verdad, nuestros valores más importantes, incluyendo si el cuestionamiento viene de la gente que amamos. Este año lo viví nítidamente, fue como si tuviera que poner a prueba todas las múltiples recomendaciones que he compartido en mis libros anteriores: la tolerancia, la prudencia, y debo decirte que no siempre salí bien librado del movimiento telúrico emocional que conlleva el no convencer a personas importantes en mi vida sobre mi verdad.

Perdí los estribos, sin llegar a actos de violencia física, pero sí dije cosas de las que posteriormente me arrepentí, no por su veracidad sino por la crudeza o rudeza que significó decir lo que sentí en esos momentos de enojo.

Los terapeutas recomiendan no quedarse con palabras que deben expresarse, pues al paso del tiempo causan estragos en nuestra salud física, mental y emocional; pero muchas veces ignoramos que es necesario saber dónde, cómo, con quién o en ausencia de quién es conveniente decirlas.

No es lo que digo, es ¡cómo lo digo! lo que más daño causa.

No son las palabras, sino la intensidad y la intención de las palabras lo que causa más daño.

Se vale equivocarnos, porque al fin de cuentas la vida es precisamente una escuela donde aprendemos múltiples lecciones que no siempre son de nuestro agrado, y nadie está exento de vivir sin equivocaciones.

"¡Si te lo digo así es porque te quiero!"

"Si te grito es porque me desesperas."

"Si te digo tus verdades es porque soy muy franco."

"¡Tú sabes que odio la hipocresía!"

Está claro que somos libres de pensar y decir lo que queremos, libres de opinar y elegir lo que nos gusta. Así nos integramos a nuestra familia, a nuestra escuela o a nuestro trabajo, con libertad, pues efectivamente, como sentencia la frase evangélica, ¡la verdad os hará libres! Pero no se nos dijo que la verdad o las expresiones de nuestra libertad, dichas sin prudencia, con terquedad y sin escuchar con la debida atención al otro, nos esclavizan a la inmadurez, a la culpa, al juicio de los presentes y, posteriormente, de los ausentes, porque las cosas que más se cuentan no son precisamente las buenas acciones.

Dicho lo anterior, quiero compartirte mi aprendizaje ante las discusiones que se convierten en circunstancias adversas, desgastantes, desmotivadoras, para que lo tengas presente cuando te enfrentes a quienes deliberada o inocentemente te saquen de quicio. Espero que lo apliques.

Tomo las cosas de quien vienen

¿En serio es tan importante como para empeñarme en imponer mi verdad? ¿En serio vale tanto la pena desgastarme por expresar mi punto de vista? Bendita intuición que muchos hemos desarrollado, al paso del tiempo, para detectar a quienes desean ganar a toda costa o tienen tantas carencias en su diario vivir que sólo buscan a quién aventarle sus múltiples frustraciones. ¡Zas!

Siendo claro contigo, no siempre son frustraciones lo que cargan, a veces son "productos en descomposición". Su amargura, negatividad u odio a la realidad que viven los orilla a sacar todo lo negativo de lo que están llenos. Arrojan desechos, ¡su miseria!, a quien pueden o a quien se deja. Están invadidos de tanta basura que la avientan por doquier y muchas veces te toca estar en su círculo de influencia.

Te invito a que, ante tales personas, desarrolles tu sentido común, que en este caso, podría ser comparado con el sentido del olfato para detectar a quienes están tan cagados que lo mejor es hacerte a un lado o tomar acciones de defensa sin necesidad de *embarrarte* o engancharte. Cuando te avienten mierda ¡agáchate!, hazte a un lado para que fluya el *mugrero*, la inmundicia.

Me decía una terapeuta de pareja, de Ensenada, Baja California, que cuando uno de los dos llega a sus terapias con puras quejas, expresando tanta negatividad, sacando uno y mil argumentos del porqué no es feliz en su relación, ella, al detectar que esos argumentos están fuera de lugar, basados en suposiciones, con una tremenda carga emocional negativa y el otro o la otra se siente abrumado(a) ante tantas acusaciones, les dice: "Ahí está la mierda, viene enmierdada(o), tú decides si los dos se llenan de eso, o te limitas a descubrir qué puedes y quieres hacer para sanar o terminar la relación." ¡Zas!

¿Cuántas veces detectamos que la gente con la que hablamos y después discutimos viene así, "enmierdada" hasta la última punta de sus cabellos y lo único que hace es compartir tanta inmundicia? ¿Te mereces eso? ¿Mereces involucrarte a tal grado que te saque de tus casillas alguien que a leguas se nota que su amargura está a tal nivel que lo sobrepasa?

—¡Ando emperrada! ¡Vengo encabritada porque un señor me mentó la madre hace un momento!

—¿Quién? ¿Quién te ofendió?

—Un señor de un camión rojo...

—¿Y quién era?

—¡Pues no sé! Un señor gordo y feo.

—¡Hay niveles! ¡No seas naca, Rosa! No puedo creer que alguien que ni conoces te cambie tu día de tal forma que llegues encolerizada, ¿te das cuenta?

Y aunque parece mentira hay personas así, dispuestas al enojo, al pleito, a responder con violencia por tonterías, sólo espero que tú, amiga lectora, amigo lector, no seas como la Rosa del diálogo anterior, así que mejor:

¡Que fluya el drenaje!

¡Que fluyan las ofensas!

¡Que circule el agua estancada porque se apesta!

¡Que se vaya lo que tenga que irse!

Y me quede con lo bueno y lo mejor de cada persona y de cada situación.

Recordé la paciencia (sobrenatural, por cierto) de mi hermana Magda, una mujer de más de 50 años que aparenta muchos menos de los que tiene, y me imagino que una de las razones por las que sigue tan bella y joven es porque no se engancha en discusiones ni con gente que, según ella, no vale la pena.

Su temperamento flemático le ayuda a que las escasas ofensas que recibe, literalmente, se le escurran sin darles la mínima importancia. Su risa contagiosa y su forma de llevar su tiempo con pausas, sin estrés, hace que disfrutemos su presencia además de sus múltiples ocurrencias.

Un día me llevó a recoger mi automóvil. Ella maneja con una lentitud y una paciencia fuera de este mundo, parece que para Magdita el tiempo no importa, y aun con la prisa que yo tenía por recoger mi auto e ir a una junta importante, ella subió lentamente a su auto, revisó los espejos retrovisores, acomodó su asiento en la posición que consideró más cómoda, se puso lentamente el cinturón de seguridad y todo lo anterior tarareando una canción que nunca supe cuál era. El calor era sofocante dentro y fuera del auto, yo sentía que me asfixiaba, la verdad no sé si por el calor o por la tranquilidad de mi adorada hermana:

—¡Magda, por favor, rápido!... ¡Magda, enciende el aire acondicionado!

—Ya voy, tranquilo, César Alberto —así me dice ella desde siempre, con mi segundo nombre, tal y como lo hacía mi madre cuando se enojaba: "César Alberto, ¡no te aceleres porque te infartas!"

Y allí íbamos, mi hermana manejando a una velocidad de 40 kilómetros por hora en una avenida donde bien podría ir a 80, y yo desesperado. Ella me platicaba tranquilamente sobre sus hijitos y otras cosas. Y yo con la adrenalina y la taquicardia a todo lo que daba.

La pasaban todos los autos y no faltaba el que accionaba su claxon con el sonido ofensivo de mentada de madre, a lo que mi hermana simplemente hacía caso omiso y seguía con su conversación.

De pronto un hombre la rebasó despacio y le pidió que abriera el vidrio para decirle algo; ella lo hizo de inmediato.

"¡Vieja pachorra! ¡Vieja lenta!"

Después de eso, mi hermana cerró su vidrio volteó a verme y me dijo: "¡Pobre hombre, qué prisa traerá! Que Dios lo bendiga, ¡se ha de estar cagando el pobre!"

Claro que es saludable tomar las cosas de quien vienen, aunque a veces duele cuando esa persona está en la categoría de *un ser querido* (un familiar o amigos cercanos), pues por sus acciones negativas pasan a ser, siendo sinceros, seres ya no tan queridos.

Insisto, toma las palabras de quien vienen, utiliza todos tus sentidos para detectar si vale la pena expresar lo que sientes. Detecta con tu observación o tu maravillosa intuición si vale la pena, o no, iniciar un diálogo para llegar a acuerdos o simplemente es conveniente dejar que sus opiniones o juicios se vayan por el drenaje imaginario que a todos nos rodea.

¡Que fluya lo que tenga que fluir!

¡Ya supéralo! No todos tienen (ni tendrán) el gran corazón que tú tienes. No todos tienen la educación y buenos modales que te caracterizan; hay a quienes, literalmente, les tiene sin cuidado tu vida y tus razones. Sigue tu camino y toma las cosas de quien vienen.

Dejo que hable

Bendita necesidad imperiosa de interrumpir a quien habla, ¿o será maldita necedad? Esa terca necesidad de ser escuchado antes de que se me olvide lo que quiero decir, esa urgencia de decirte lo bruto que eres, ¿no te suenan esos momentos? Esos casos extremos donde te encuentras en un diálogo insufrible por las múltiples tonterías que salen cada minuto de tu boca. En esos instantes y cuando la persona en cuestión es alguien importante en tu vida, generalmente obtienes más recompensa al dejar que hable, diga, despotrique, vomite todo su malestar sin interrumpir.

Pero no, no es nada fácil estar en medio y la situación se complica cuando agrega acusaciones, imprecisiones o calumnias, no es sencillo, pero sí posible.

¡Hasta me mordí la lengua cuando te escribí esto! O mejor dicho, ¡hasta me dolieron los dedos al teclear esto en la computadora! Porque es algo que he estado trabajando en mí desde hace tiempo y mis resultados no han sido tan notorios hasta el momento. Pero te afirmo, sin lugar a dudas, que si dejo hablar a quienes discuten por todo, mis discusiones serán más cortas, claras, precisas, concisas y mucho menos desgastantes o acaloradas. Deja que la otra persona aviente lo que tenga que aventar, obvio sin permitir humillaciones ni daños a tu integridad.

No olvides que tus mejores argumentos ¡salen de la otra parte! Fíjate cómo cuando la gente está molesta suele hablar de más y con eso te pone en *charola de plata* tus mejores argumentos para expresar tu verdad y evidenciar su ineptitud o desinformación. Esto es como cuando alguien empieza a mentir, pues quien es astuto, como serpiente, deja que el presunto mentiroso siga con su historia en la cual muchas veces se contradice o deja en evidencia su mentira.

Así que tú mejor escucha relajado, deja que el otro se exprese, que diga lo que tenga que decir; a veces, al terminar su larga explicación, con un silencio prudente podrás decir más que con tus palabras.

Expreso mis sentimientos en el momento

Lo hago sin perder la compostura, porque tú ya sabes, ¡hay niveles! Nada mejor, después de un momento incómodo, que iniciar tu diálogo con frases como éstas:

"Me duele que estés así..."

"Me impresiona que se haya interpretado de esta manera..."

"Me siento mal porque nunca fue mi intención hacer este asunto tan complicado..."

"Me siento triste..."

"Me siento incómodo..."

"Estoy molesto..."

"Me siento muy contrariado..."

De esta manera podemos validar lo que sentimos en ese momento. Cuando le ponemos un nombre a la emoción sentida, le bajamos intensidad al efecto. Posteriormente, ahora sí, sigue la oportunidad de agregar nuestro argumento; vamos al siguiente paso.

Realizo un breve resumen de lo dicho

Sin duda, una maravillosa forma para que la persona en cuestión escuche sus argumentos, su malestar expresado, basado, quizá, en hechos, pero también en suposiciones infundadas, en creencias que son fruto de emociones negativas celosamente guardadas por mucho tiempo y que, en este momento, conviene aventar, exponer con claridad y como va. Al realizar el breve resumen de sus expresiones vale la pena decirlo sin sarcasmo, sin intención de herir o lastimar más la relación.

Ofrecer sólo una simple descripción de lo dicho, posterior a la disculpa, después de la reacción suscitada por la discusión.

El resumen ayuda para:

- Verificar o clarificar lo dicho.
- Que la otra persona escuche sus propias palabras.
- Para que digas sobre bases firmes tus argumentos.

Es mi turno

Expreso mis argumentos de manera clara, precisa y concisa.

Obviamente al calor de una discusión se dificulta la articulación correcta de las palabras, sin embargo, si procuras expresarte bajo las siguientes recomendaciones, te aseguro que se te facilitará el proceso:

- ¿Cuál es la forma menos agresiva para expresar lo que siento?
- Respiro profundo para nivelar mis emociones negativas. Es impresionante lo que una respiración profunda puede hacer para no hablar de más y después lidiar con el arrepentimiento.
- Hablo de hechos, no de suposiciones (lo explicaré con detalle en el capítulo "Tu imaginación destructiva").
- Ante una interrupción de tu interlocutor, que puede convertirse en agresor por la rudeza de sus palabras, lo cual es muy posible que suceda, puedes decir con seguridad y claramente: "Es mi turno de hablar, yo ya te dejé expresarte".
- Continúo con la explicación y procuro no observar las señales negativas de mi interlocutor. Lo recomendable es no hacer caso a las muestras de des-

precio, negatividad o invalidación de mis argumentos. Simplemente expreso mi verdad, repito de manera clara, precisa, sin necesidad de dar explicaciones de más, pues a explicación no pedida, acusación manifiesta. Una de las formas para reconocer a un mentiroso o a alguien que duda de su verdad es que repite una y otra vez sus propios argumentos y así justifica o pone en evidencia su inseguridad. Entonces, ¡no expliques de más!

• En caso de imposibilidad para seguir hablando, es recomendable aplicar el *tiempo fuera* con frases como: "A lo mejor no estamos en condiciones para seguir hablando de esto..." "Vamos a darnos un tiempo y platicamos más tarde..." "Creo que los dos estamos molestos, no es buen momento para seguir con esta discusión." Cuando se otorga el *tiempo fuera* es fundamental acordar que el tema no está terminado.

A veces pasa en una discusión que el *tiempo fuera* puede confundirse con: "¡*Ok*, ya, como tú quieras!" o: "¡Está bien, ahí muere!" Pero la verdad es que no muere ni el hecho ni el dolor acumulado, reacciones así complican por años las relaciones, si no es que las destruyen, de allí la importancia de hablar claro, decir lo que sientes y siempre expresarte con la verdad.

Termino mi argumento enfatizando en lo que sí estoy de acuerdo de lo dicho por la contraparte: "Estoy de acuerdo en esto y esto otro..." "Tienes mucha razón al decir que no estoy siempre para ti..." "Es una realidad que no he puesto mi mejor esfuerzo..." "Tienes razón al enojarte por..." Cuando terminas tus argumentos de esa manera, generalmente les quitas poder a las agresiones del otro y al aceptar tu responsabilidad de inmediato le bajas la guardia. 50% de quienes escuchan estas frases utiliza después palabras similares para justificar sus errores, lo cual facilita el siguiente punto, sin duda el más importante en cualquier discusión.

Lleguemos a acuerdos

Lo que comúnmente no hacemos.

Doy por hecho que ya quedó claro. Doy por hecho que no se volverá a repetir la escena. Creo que todo quedó en el olvido... Pero no siempre es así.

Llegar a acuerdos es decir claramente qué estoy dispuesto a hacer para que tal situación no se repita. Qué estoy dispuesto a cambiar o quitar, y qué no estoy dispuesto; expreso los motivos con los que justifico mis propios acuerdos y pongo atención a los del otro.

Cuando la persona en cuestión tiende a olvidar los hechos o se hace la que no recuerda las cosas, es recomendable escribir lo que mutuamente decidieron. Las palabras se las lleva el viento y nada mejor que recordar que ¡papelito habla! Probablemente lo percibes como algo fuera de lo normal en una relación de pareja o entre padre e hijo, pero te aseguro (por experiencia propia) que las palabras se las lleva el viento y que al calor de una discusión la gente suele olvidar sus compromisos. Por eso resulta efectivo enumerar y dejar por escrito los compromisos mutuos para evitar que el conflicto cobre vida en el futuro.

Detecta señales de arrepentimiento

No dejo que el orgullo se apodere de mí, tampoco que mi ego quiera castigar o poner en su lugar a quien saca la bandera blanca imaginaria mostrando señales de arrepentimiento y disposición para arreglar las cosas. Todos tenemos derecho a equivocarnos y a enmendar el error. Terrible situación si vives con quien jamás reconoce sus fallas y discute hasta el final, aunque sepa que no tiene la razón. Y digo *terrible* porque esas personas necias son vampiros emocionales que chupan o drenan nuestra energía sin signos de arrepentimiento ante sus evidentes fallas, juicios injustificados o actitudes displicentes que afectan nuestra estabilidad emocional. Son personas sin escrúpulos que creen que siempre tienen la razón. Ante esas personas nefastas, que a veces la vida pone en nuestro camino para aprender lecciones dolorosas, te sugiero que apliques el paso número 1: "Toma las cosas de quien vienen", pues con gente así nunca es bueno discutir. Es bueno poner límites y, ¿por qué no?, analizar si soy más feliz al tener a esa persona en mi vida o conviene alejarla de mí. Si por algún motivo no puedes alejarla físicamente, sí puedes emocionalmente, lo cual, te aseguro, aprenderás a través de cada página de este libro.

Antes de terminar este capítulo quiero compartirte la siguiente experiencia:

Tenía yo casi 10 años de casado, con dos hijos pequeños, y un día tuve una discusión muy fuerte con mi esposa. Me enojé tanto que me fui a la casa de mi madre para quejarme amargamente de todas las razones por las que sentía que mi pareja no me comprendía.

Mi madre, después de escuchar pacientemente, me dijo: "Un día tú me trajiste a esta casa a esa mujer y dijiste que era el amor de tu vida. Me dijiste claramente que por fin habías encontrado a alguien que te comprendía y te amaba tal y como eras. Un día decidiste casarte con ella y compartir todo, lo bueno y lo malo, prometiste ante un altar amarla y respetarla todos los días de tu vida."

Tocándome el cabello agregó: "Nadie dijo que el matrimonio era fácil y no quiero que vengas a quejarte conmigo de la persona que un día decidió compartir todo contigo. Te amo mucho y también a ella por ser tu esposa y la madre de mis nietos. Así que ve y arregla con ella lo que tengas que arreglar."

¡Ups! ¿Así o más claro?

La lección que ese día me dio mi madre fue dura pero sincera, directa, clara y contundente. Hasta el día de hoy resuenan en mi mente sus palabras que me ayudaron a ser responsable de mis actos y a hacerme cargo de mis problemas.

En conclusión:

1. No permito que una discusión demuestre mi grado de inmadurez. Aprendo a escuchar y expreso mis opiniones sin alterarme y con ánimo de conciliar.

2. Evito a toda costa herir emocionalmente a quien me demuestra sus argumentos o sus carencias. 80% de la gente manifiesta sus carencias emocionales con agresividad.

3. Dejo que la gente hable y exprese sus sentimientos. Esto representa el 30% de un posible acuerdo. Dejar hablar es fundamental para sentir empatía.

4. Procuro expresar lo que pienso sin herir o dañar más la relación. No busco confrontar ni hacer menos a nadie; busco comunicarme.

5. Mi objetivo final: llegar a acuerdos que convengan a los involucrados; mi capacidad de comunicación debe orientarse a un diálogo franco, abierto y positivo.

2

YA SUPÉRALO: EN SERIO, ¿ALGÚN DÍA SERÉ FELIZ?

Tu tarea de hoy: ser feliz

No entiendo el afán de muchas personas en saber la edad de quienes tratan o conocen. Tal vez esa curiosidad se deba a la gran cantidad de productos y procedimientos que existen en la actualidad buscando el *forever young* (jóvenes por siempre).

A mí frecuentemente me preguntan mi edad, no sé si porque me veo mayor respecto a la edad que tengo o porque luzco menor. Ante la pregunta me regalo el derecho de la duda y por autoestima me convenzo de lo segundo: ¡Sin duda cada día me veo mejor!

En una de las tantas ocasiones que me preguntaron mi edad, como siempre que decido responder, les dije los años que tengo, luego me quedé pensando si son los años que tengo verdaderamente. No dudo de mi fecha de nacimiento, dudo de los años que verdaderamente tengo o que creo que me quedan.

Los años que *tengo* son los que precisamente *tengo* para vivir, no los ya vividos.

Me cuestioné muy fuerte los años que probablemente me queden. Los que por promedio de vida, existe la posibilidad que tenga más si cuido mi salud, si hago ejercicio o procuro controlar las emociones negativas.

Según el pronóstico de vida (al momento de escribir el libro), los hombres viven aproximadamente 76 años, las mujeres 78. Es sólo un pronóstico y, como sabes, hay quienes se ven y se sienten viejos a los 60 y quienes sienten que están en su mejor momento a los 70.

La cuestión es, ¿cuántos años calculas que tienes realmente? ¿Cuántos años crees que vivirás de manera activa con el estilo de vida que llevas? No es mi afán desmotivarte, ¡al contrario! Deseo que tengas una vida larga y saludable, pero estoy seguro de que pensar en esto puede ayudarte a tomar mejores decisiones.

Dejar la felicidad para después es un hábito lamentable.

"Algún día seré muy feliz… Te aseguro que cuando me gradúe, cuando tenga novia, cuando me case, cuando compremos casa propia, cuando tenga un bebé, cuando tenga otro, cuando se gradúen, cuando se casen, cuando me divorcie, cuando encuentre ahora sí el amor verdadero, cuando lleguen los nietos, ¡cuando se lleven a los nietos!, cuando se casen los nietos… algún día voy a ser muy feliz. Te lo aseguro."

Y esa felicidad la vamos postergando para cuando las condiciones sean las mejores, pero como bien sabes, se arreglan las condiciones y vienen otras adversidades, y luego otras, y otras, y muchas otras, y esa felicidad se va guardando para después, pero el después, tristemente, ¡nunca llega para muchos!

Y no sólo eso, pospones la felicidad y de pronto, ¡zopas!, llegan las enfermedades por estrés, mala alimentación y mil cosas más. Al respecto te comparto las palabras del doctor Joseph Mercola, autor del maravilloso libro *Sana sin esfuerzo*, en el que afirma: "Tu salud y bienestar juegan un papel importante en tu felicidad. Después de todo, es difícil sentirse eufórico si no estás bien físicamente. En cambio, una buena salud mental puede reforzar tu salud física. Mientras intentas formular con claridad tus metas de salud, asegúrate de fijar metas que promuevan tu felicidad a largo plazo. En lugar de que tu objetivo sea seguir algún consejo al pie de la letra, elige metas que te permitirán vivir con más alegría y sin esfuerzo." ¿Así o más claro? Sin duda, una recomendación feliz y contundente.

No te aferres a la tristeza y a la mortificación

Con alegría, nostalgia y un dejo de tristeza recuerdo a mi madre, una mujer que tuvo una infancia muy difícil, pues a sus escasos ocho años, por querer agradar a su madrina y a su madre, que eran vecinas, se la pasaba de una casa a otra haciendo la limpieza e intentando, al mismo tiempo, llevar una vida acorde con su edad, lo cual era prácticamente imposible.

Mi abuela, doña Pola, se enojaba tanto porque mi madre atendía a su madrina, ya de edad avanzada, que le decía que mejor se largara de la casa y se fuera con ella. "¡Vete, aquella es tu casa! Ésta ya no." Y ahí va aquella niña preciosa con cabellos rojizos, con su ropita, a la otra casa. Y cuando la madrina se daba cuenta de que algo no hacía bien respecto a la limpieza, también la corría de su casa.

Me imagino la escena y me brotan las lágrimas al imaginar la tristeza de una niña de sólo ocho años carente del sentido de pertenencia, pues llegó el momento en que sentía que no era de un lado ni de otro. ¿Qué pasa por la mente de una pequeña con la necesidad de sentirse parte de una familia? Aunada a esa necesidad de pertenencia, creo que también su tristeza por los múltiples rechazos fue un factor detonante para que toda su vida viviera intranquila, queriendo siempre satisfacer a todos, viviendo con culpabilidad la mayor parte de su vida y preocupada por todo lo que sucedía y no sucedía.

Al paso del tiempo entendí el porqué de su frase trillada "¡Qué mortificación!", pues vivía siempre preocupada por la vida de sus siete hijos, por lo que hacían o no hacían mi papá, mis abuelos, mis tíos y tías, vecinos, conocidos, desconocidos y hasta la vida de los personajes que en su momento fueron parte de las telenovelas que veía y las historias que leía.

"¿Cómo amaneciste, mamá?", le preguntaba en las mañanas. "¡Bien mortificada!", respondía todos los días. "¡¿Ahora por qué, mamita preciosa?!" "¡Porque tu papá no tiene trabajo y no sé qué vamos a hacer!"

Cuando llegaba mi padre le preguntaba si ya tenía trabajo; ante su respuesta afirmativa, yo cuestionaba nuevamente a mi madre: "¡Ya tiene trabajo papá! ¿Ya no estás mortificada, verdad?" "Claro que sí —contestaba de inmediato—, ¡ahora me mortifica que dure en ese trabajo!" Y así la historia se repetía un día tras otro; sus mortificaciones nunca terminaban.

Le mortificaba la salud de mis abuelos, los resultados de los exámenes de sus hijos y los resultados de los amigos de sus hijos; le mortificaban las relaciones amorosas de nosotros, los terremotos y tsunamis en Indonesia, las devaluaciones del peso, la falta de hogar del Chavo del Ocho y lo malos que eran con él por no darle una torta de jamón.

A mi madre le mortificaba todo y así murió, mortificada por mil cosas. Pero lo que más recuerdo ahora, incluso con cierta tristeza, es que siempre decía que un día iba a ser feliz.

Triste y real historia la que comparto aquí, un lamentable hábito que no tiene ningún beneficio y que por varios años heredé, no sé si por genética o por imitación. Desde el momento en que sabía que tendría un examen, empezaba a preocuparme ante la posibilidad de reprobar y analizaba el panorama por si se cumplía esa predicción lamentable. ¿No era mejor ponerme a estudiar en ese momento y visualizar el maravilloso escenario que representa salir bien de las pruebas? Pero no, preocuparme era una realidad en ese momento y nunca pensé en la pérdida de tiempo y energía que representaban mis angustias, como si por preocuparnos se arreglara el mundo, si así fuera estaría sentado preocupándome por todo lo que sucede a mi alrededor.

Hace más de 20 años cuestioné ese hábito y el impacto que tiene en la postergación de todos mis pendientes, llegué a la conclusión de que no puedo predecir el futuro, que cada cabeza es un mundo y no me corresponde explorar lo que piensa o siente toda la gente que me rodea. No puedo predecir accidentes pero sí prevenirlos en lo que a mí corresponde, no puedo evitar discusiones pero sí reaccionar asertivamente ante quienes piensan diferente a mí. Nunca podré controlar lo que sucede a mi alrededor y lograr que todo sea exactamente como lo planeo, pero sí puedo poner mi mayor esfuerzo en lo que hago.

¡Basta de postergar lo que debo hacer!, eso sí es motivo de infelicidad. ¡Basta de querer controlar todo lo que piensan o hacen quienes me rodean!, pero sí puedo reaccionar de la mejor manera ante los agravios y diferencias que tienen conmigo quienes piensan diferente a mí. Y por último: ¡Basta de creer que la felicidad está al final de lo que vivo!, está en este momento, al cambiar mis pensamientos negativos por positivos, cuando soy agradecido por las bendiciones recibidas, por todo lo que tenemos y vivimos, evitando, lo más posible, la costumbre dañina de quejarnos de todo y por todo.

Compartir en un libro que mi madre vivía mortificada sería injusto si no agrego también los muchos e incontables motivos que tengo para recordarla con gusto y alegría. Siempre he creído que dejar flores en un panteón es pérdida de dinero y de tiempo, pues ahí sólo hay restos. Sin embargo, a mi madre le gustaba llevar flores a sus muertos y con gusto yo la acompañaba frecuentemente. Prefiero ofrecer en su memoria risas y actos de bondad, pues para mí es la mejor forma de enaltecer su recuerdo.

No hay un solo día que no la recuerde, y siempre procuro que sea con alegría, pues la risa también fue algo que la caracterizaba. Sus ocurrencias me llevan a afirmar que cuando yo tampoco esté, lo que más recordarán de nosotros serán nuestros momentos felices y divertidos.

Recuerdo que una vez, en la celebración de una misa, mi madre estaba tan metida en sus pensamientos, que cuando el cura dijo, en la parte de la eucaristía: "Aleluya, aleluya...", ella automáticamente contestó: "¡Cada quien con la suya!" ¡¿Por qué lo dijo?! Nunca se supo, pero lo cierto es que nosotros no podíamos dejar de reír, situación que hasta la fecha mis hermanas, hermanos y yo seguimos recordando con risas.

A mi madre le tocó ver mi faceta de médico, escritor y conductor de radio y televisión. Pero la faceta que más le enorgullecía fue la de conferencista. Le encantaba estar en los teatros y ver a su hijo en el escenario. Cuando la presentaba, se levantaba de su lugar con un orgullo indescriptible. Ahora, con el paso de los años, compruebo que para quienes somos padres nos llenan mucho más de alegría los éxitos de nuestros hijos que los propios.

Un día, al finalizar una de mis conferencias, observé a mi madre parada *estratégicamente* a unos metros de mí, viendo cómo la gente me saludaba con tanto cariño mientras firmaba sus libros o audios y se tomaba fotos conmigo. Cuando veía la fila larga de numerosas personas que querían saludarme, ella preguntaba fuerte, para ser escuchada: "¿Ya mero terminas, hijo?", obviamente lo hacía para que todos los ahí presentes supieran que ella era mi mamá. Entonces la gente (tan linda como siempre), después de estar conmigo, también la felicitaba a ella por el hijo que tenía.

En cierta ocasión una señora, de esas amorosas y expresivas, me saludó con un cariño fuera de lo convencional, me deseó mil bendiciones y después se acercó a mi madre, quien se encontraba acompañada de mi hermana, y le dijo: "Señora bonita, idéjeme sobar su pancita porque de ahí salió el doctor!" Y antes de que aceptara, la panza de mi mamá ya estaba sobada. A lo que ella solamente agradeció desconcertada. Cuando la señora iba rumbo a la salida del teatro, le dijo a mi hermana Laura: "¡Corre a ver qué le va a sobar esa señora a tu papá!" Hasta la fecha, de sólo recordarlo no puedo evitar la carcajada. Ahora quiero compartirte mi aprendizaje respecto a la felicidad:

- No es ningún momento del futuro, ni cuando las cosas mejoren. La felicidad es en este momento, con lo que me corresponde vivir, con la búsqueda incansable de hacer más llevaderas las adversidades que por el solo hecho de estar aquí nos tocó vivirlas.

- No creo en un Dios que envíe pruebas a sus amados hijos. ¿Qué tipo de Dios sería ése que envía enfermedades, accidentes, muertes de seres queridos y demás con el fin de poner a prueba tu fe? ¡Por favor! Ésas son circunstancias que se viven y nadie está exento de padecerlas. ¿Por qué? ¡No sé! Pero es lo que me corresponde vivir en este momento y tengo que encontrar algún significado, algún aprendizaje, por más dolorosa que sea la lección. Son incontables las veces que dije que la desgracia que vivía en determinado momento era porque así lo quería Dios y eso me correspondía, sin comprender que mucho de lo que nos sucede es por nuestras decisiones y también por razones a las que jamás encontraré una respuesta: estaba en el lugar equivocado y en el momento menos correcto. Las cosas pasan y ya, es lo que me corresponde vivir en estos momentos y al paso del tiempo encontraré, o no, las respuestas a las adversidades que viví.

- No puedo controlar todo. ¡Ya supéralo! ¡Que nos quede claro de una vez! Tengo que aceptar que la gente cambia, que el mundo cambia y no tengo ni el poder ni la forma de modificar todo lo que sucede. Ese afán de querer que la gente piense, reaccione, agradezca o actúe como yo lo haría o creo que es lo correcto, es causa de infelicidad. ¡La gente es como es y punto! Ya compartiré más sobre este tema más adelante.

- Dentro de mi realidad siempre tengo la posibilidad de decidir si lo que estoy viviendo es una tragedia o una circunstancia fruto de mis acciones o de las acciones de otros. En mí está decidir si busco culpables o soluciones, si decido caminos para avanzar o razones para lamentarme y despotricar una y otra vez. Siempre tendré la opción de elegir cualquiera de las tres posibilidades: me adapto, me amargo o me voy. Te lo recordaré varias ocasiones más, durante la lectura de este libro. Yo decido si lo que vivo es para mi crecimiento o mi desgracia. Cualquiera de los caminos tendrá sus consecuencias. Comparto contigo esta historia:

Cuentan que un día un discípulo, al ver a su maestro muy sonriente, a pesar de los muchos problemas que sufría últimamente, le preguntó:

—Maestro, ¿cómo consigue estar siempre tan alegre y contento?

—Querido discípulo, no hay grandes secretos para eso. Cada mañana cuando despierto me hago la misma pregunta: ¿Qué elijo hoy, estar alegre o estar triste? Y siempre, hijo mío, escojo la alegría.

- Utilizo frases poderosas. Comprobado, funcionan para cambiar la actitud negativa ante circunstancias adversas. Puedes llamarle *coco wash*, incluso motivación barata, pero de que funciona, ¡funciona! Frases como: "Por algo fue..." "Para algo sucedió..." "Viene algo mejor..." "Todo pasa..." "De peores he salido..." "Decido no engancharme..." y muchas otras que puedes inventar dependiendo de la ocasión.

Estoy seguro de que las dos frases con más poder son: "Decido buscar lo bueno en esta situación" y "Decido ser feliz."

La primera te fortalece en la adversidad: algo nuevo se encontrará en la calamidad, no todo puede ser tan terrible, pues todo, absolutamente todo pudo ser peor: me quedé sin trabajo, pero con salud. Me dejaron de amar, pero mi capacidad de amar sigue más fuerte que nunca y, además, ¡tú te lo pierdes! Muñecos como éste no hay en cualquier juguetería. Murió quien tanto amaba yo, sé que es una situación muy dolorosa y de la cual aprendemos múltiples lecciones, como lo importante que es amar la vida por el tiempo limitado que tenemos o aprender a quedarnos con los momentos felices.

A pesar del dolor inmenso que puedes vivir, siempre podrás encontrar alguna luz de consuelo que te indique el legado obtenido después de ese trance.

Y la segunda frase: "Decido ser feliz", la digo diario, al despertar cada mañana, es un decreto muy poderoso, me recuerda que hoy tengo la oportunidad de ser feliz con lo que venga. Reconozco que no es fácil poner en movimiento dicha frase cuando el viento huracanado de la adversidad está en contra, sin embargo, a costa de la repetición se convierte en un maravilloso hábito que me recuerda que tengo una misión de vida maravillosa, que consiste en ser feliz a toda costa, sin necesidad de sonreír o carcajearme todo el día, lo cual sería para mí un signo inherente de locura. "Decido ser feliz" también representa la capacidad de hacernos conscientes de que vivimos momentos muy buenos y no tan buenos, y cuando no son los mejores momentos hay que recordar que, a pesar de todo siempre tendremos la posibilidad de elegir si decidimos ser felices o no, pues todo, absolutamente todo pasa, y lo que ahora vemos como una gran catástrofe mañana será una historia digna de contar por la gran cantidad de conocimientos y destrezas adquiridas.

- Hago de la generosidad un estilo de vida. Trato de ser generoso con quien me rodea. Practico acciones basadas en el amor y la generosidad, pues siempre darán maravillosos resultados. Trato a los demás con la misma actitud que me gustaría que me trataran. Procuro que no llegue la noche sin haberle facilitado la vida a alguien con una palabra de aliento o una acción que marque, de alguna manera, la diferencia.

  Siempre buscaré la manera de ser generoso. Siempre daré algo a alguien y no siempre será algo material; daré también una palabra de cariño, un abrazo, la compañía, un mensaje que fortalezca su ánimo y disminuya su tristeza; todo eso será siempre recompensado por la justicia divina.

  Acepto que las cosas pasan porque tienen que pasar, me guste o no. Que hacer de la generosidad un hábito maravilloso siempre tiene sus recompensas, aunque sabemos de antemano que no recibimos lo mismo que otorgamos. Una buena siembra no significa una gran cosecha, pero siempre nos dará la satisfacción de haber puesto nuestro mejor esfuerzo para que así sucediera.

No por amar tanto recibiré el mismo amor. Si mi amor no fue valorado, no me arrepentiré nunca del amor otorgado; tengo claro que las decisiones basadas en el amor y en el bien siempre son recompensadas.

La decisión es tuya. Quien tiene la última palabra ante cualquier acontecimiento serás siempre tú. ¿Permito que esto me hunda? ¿Permito que cualquier persona me quite mi estabilidad emocional? ¿La situación que estoy viviendo merece que pierda la fe? ¿Vale la pena dedicar tiempo, mente y espacio a esta persona ocupada siempre en la amargura y el dolor? ¿En serio vale la pena involucrarme emocionalmente con quien me demuestra de una y mil maneras que no estoy dentro de sus prioridades?

Coincidencia o Diosidencia

En un estudio reciente, la Escuela de la Felicidad de Harvard concluyó que "ni los genes, ni la fama, ni el dinero alargan la vida de las personas, lo que realmente lo hace son los buenos amigos". Esos seres que con su presencia aminoran nuestras penas, nos contagian su alegría o su esperanza y en su presencia vemos con más claridad las cosas que suceden. Esos maravillosos amigos que por coincidencia o *Diosidencia* llegan a nuestra vida en forma temporal o permanente y, sin darnos cuenta, influyen de manera increíble en la forma en que enfrentamos las alegrías y las tristezas.

Un estudio del National Opinion Research Center, de la Universidad de Chicago, demuestra que quienes tienen más de cinco mejores amigos, sin incluir familiares, tienen 50% más probabilidades de describirse como muy felices en comparación con quienes tienen menos vínculos sociales de confianza.

Y lo más impactante, quienes valoran la riqueza, el éxito y la posición social más que la amistad y las relaciones afectivas, tienen el doble de posibilidades de ser bastante o muy infelices. ¡Zas! ¿Así o más claro?

Sin duda, somos nosotros los que hacemos, creamos motivamos la felicidad, somos responsables de nuestros actos y debemos tener bien claro que uno de los más saludables es crear nuestra felicidad, hacer de cada momento una ocasión para aprender, no para depender de los demás. Ya basta de creer que mi pareja debe hacerme feliz, que el otro o la otra llenarán mis vacíos y curarán mis traumas. Te comparto el siguiente relato con el que, al final, tendrás ideas más claras respecto a lo urgente que es saber que en nosotros, en nuestras decisiones y nuestros actos, está la felicidad.

¿En qué momento entregas a otra persona el derecho a ser feliz?

Por mi actividad, cientos de personas al año me comparten sus problemas buscando una solución o un consejo que puedan ayudarlos a sobrellevar las penas que por naturaleza tenemos.

Recientemente platiqué con Sandra, una mujer de 40 años de edad, que expresaba su pesar por todo lo que había estado viviendo "por amor".

—Nada le agrada a mi esposo, todo critica, rara vez está feliz y desquita su coraje conmigo y con mis dos hijos. Está harto de su trabajo y constantemente me echa en cara que se sacrifica por nosotros y que, si por él fuera, ya se hubiera largado y me hubiera dejado, para que, con lo poco que gano en una empresa de bienes raíces, me la parta yo sola por mí y mis hijos. Hace muchos años que dejó de ser cariñoso y su mal humor lo expresa con gritos o con largos silencios dolorosos en los que tengo que adivinar qué le sucede.

Obviamente pregunté por qué sigue con ese hombre, le cuestioné por qué no tomaba la decisión de dejarlo. Su respuesta me dejó atónito.

—Me casé para toda la vida, no por unos años. Mi madre sufrió mucho con mi padre pero siguen unidos a pesar de las humillaciones que ella también ha vivido. Así que yo no pierdo la fe en que él cambie y recapacite sobre lo importantes que somos como familia. Y tomo una de tus frases que publicas en redes sociales, César: "Todo pasa, y para quienes tenemos fe, lo bueno siempre está por venir."

¡Ups! Nunca pensé que una de mis frases fuera a ser interpretada en momentos así y con personas así. Me concreté a escuchar más historias de incertidumbre y humillaciones a las que ha sido sometida y las cuales aguantó por el amor que los une. Me pregunto... ¿cuál amor? Eso no es amor, eso es servilismo.

Al preguntarme mi opinión al respecto, me concreté a realizar preguntas que considero poderosas, con la posibilidad de que las respuestas salgan sólo de ella.

¿Sientes que eso es amor?

¿Te sientes culpable de su infelicidad?

¿Te mereces esos tratos?

¿Tus hijos se merecen ser testigos y partícipes de malos tratos?

¿En serio crees que va a cambiar?

¿Estás dispuesta a aguantar el resto de tu vida así?

Si pudieras evaluar tu grado de felicidad del 1 al 10, ¿cuál sería tu calificación?

Después de las preguntas, y de las tristes respuestas, su llanto se hizo presente:

—Pero, entonces dime , ¿qué hago, César?

—A mí no me corresponde contestar esa pregunta. Es tu responsabilidad contestar y depende únicamente de ti. Nadie puede ni debe tomar una decisión de esta magnitud, sólo tú.

Después de un tiempo me buscó para inscribirse a una de las certificaciones que actualmente imparto. Al preguntarle cómo iba su situación, me contestó con evasivas y con algunas justificaciones pero, a fin de cuentas, sigue soportando malos tratos por parte de su esposo.

Lo peor del caso es que ahora también los hijos han tomado actitudes hostiles hacia ella y su padre.

Después de este triste relato te pregunto, amiga lectora o amigo lector, ¿estás poniendo tu felicidad en manos de alguien que sin ningún miramiento se ha encargado de desgraciarte la existencia?

Gran parte de la vida que tenemos es por decisiones que tomamos y, muchas veces, esas decisiones están basadas en suposiciones sobre lo que es el verdadero amor.

Jamás permitas que alguien menosprecie tu amor.

Nunca permitas malos tratos ni humillaciones hacia tu persona o hacia los seres que amas, justificando esas actitudes con una y mil excusas.

No permitas que la frustración de alguien se convierta en coraje hacia tu persona.

No permitas que los gritos, insultos y signos de indiferencia predominen en el lugar en el que estés.

Imposible obligar a la gente a que te ame, pero siempre es posible amarte y respetarte tú, de tal forma que jamás permitas que alguien traspase la barrera de amor que te rodea.

Entiendo que es natural tener momentos buenos y no buenos, todos tenemos momentos claros y oscuros, momentos de alegría y dolor, pero no por eso tenemos el derecho de apagar el amor y el respeto hacia los seres con los que vivimos o convivimos.

La madre Teresa de Calcuta escribió lo siguiente:

Donde quiera que estés, sé el alma de ese lugar.
Discutir no alimenta.
Reclamar no resuelve.
Indignación no auxilia.
Desesperación no ilumina.
Tristeza no lleva a nada.
Lágrima no sustituye sudor.
Irritación intoxica.
Deserción agrava.
Calumnia atrae siempre lo peor.
Para todos los males sólo existe un medicamento de eficiencia comprobada.
Continuar en paz, comprendiendo al otro, ayudando al otro, aguardando la participación sabia del tiempo, con la seguridad de que lo que no será bueno para los otros, no será bueno para nosotros...
Personas heridas, hieren personas.
Personas curadas, curan personas.
Personas amadas, aman personas.
Personas transformadas, transforman personas.
Personas antipáticas, molestan personas.
Personas amargadas, amargan personas.
Personas santificadas, santifican personas.
El cómo soy yo influye directamente en aquellos que están a mi alrededor.

¡Despierta! Cúbrete de gratitud, llénate de amor y
recomienza...
Un día bonito no siempre es un día de sol.
Pero con seguridad es un día de paz.

¿Por qué nos costará tanto trabajo entender que la felicidad nace de nosotros, está en nosotros y nadie, ni la persona que más nos quiere, puede sembrar la semilla de nosotros en nuestra alma si nos resistimos a aceptar que está en nuestras decisiones optar por la dicha o el abandono? De mí depende elegir ser feliz, hacer mi felicidad, construir mis pilares para sostener una vida de buenos deseos y propósitos.

No cabe duda, contar con alguien en quien confiar, con quien puedas ser tú, sin fingir, siempre será una de las mejores terapias para ser feliz. ¡Benditos amigos que hacen el camino más llevadero! Benditas parejas que nos confirman que tenemos que hacernos responsables de nuestras decisiones y ser felices, completamente felices, ¡sin depender de nadie para lograrlo!

Siempre habrá un buen momento para hacer el maravilloso recuento de buenos amigos y buenas parejas, dedicar un homenaje mental, lleno de agradecimiento, a quienes aparecieron en el momento más indicado como estrellas fugaces, nos ayudaron en el infortunio y posteriormente, por diversas razones, se fueron de nuestra vida.

Martin Seligman explica magistralmente los cinco niveles o escalones de la felicidad:

Primer nivel: cuando tengo emociones positivas, una vida placentera, hago cosas que me emocionan, busco una compañía agradable, una ducha caliente o un *hobby* que me alegra y motiva.

Ese primer nivel de felicidad podría considerarse temporal, pero es necesario y puede confundirnos en relación con la verdadera felicidad.

Segundo nivel: cuando tengo un compromiso con la vida. No sólo disfruto los placeres de la vida, sino que incorporo actividades que me den satisfacción interior, basándome no sólo en circunstancias externas, como en el primer nivel. Agrego actividades que le dan luz a mi vida, como practicar meditación, yoga, tocar un instrumento musical o enseñar algo a quienes quieren aprender.

Tercer nivel: cuando tengo relaciones positivas con los demás. Procuro adaptarme a la gente con la que me rodeo. Busco y encuentro cualidades para lidiar con gente difícil. Recuerdo que no hay gente perfecta y, por lo tanto, aprendo y aplico destrezas o actitudes que me ayuden a fortalecer mis relaciones con los demás.

Cuarto nivel: mi vida tiene un significado. Hago algo que me dé un nivel de trascendencia. Reconozco que mi trabajo no tiene por qué ser monótono ni aburrido pues sé que de alguna forma influyo en la vida de los demás.

Ahora podemos entender a personajes que cambiaron para bien el rumbo de la historia, como Nelson Mandela, político y activista sudafricano. Estudió derecho y se involucró en la política anticolonialista. Fue sentenciado a prisión perpetua en 1962 y estuvo encarcelado ¡27 años! por sus acciones contra el racismo, la desigualdad social y la pobreza. Campañas internacionales abogaron por él y fue liberado en 1990.

Después de eso, fue el primer presidente de raza negra de su país, de 1994 a 1999.

Luego de muchos logros que favorecieron a los pobres de su país y a la sociedad en general, tras retirarse se dedicó a obras de caridad y al combate de la pandemia del sida a través de la Fundación Mandela.

Fue un hombre que nunca perdió la sonrisa a pesar de las terribles adversidades. Tenía un compromiso con la vida y fue feliz hasta su muerte a los 95 años.

Quinto nivel: mi nivel de éxito y sentido de logro en lo que me desarrollo. Me siento competente en la actividad que realizo y siento plenitud por alcanzar mis metas. Sin duda, tener una vida con propósito hace que todo tenga sentido.

Tristemente, más de 80% de la gente que trabaja lo hace en algo que no le agrada; les gustaría hacer otra cosa pero las oportunidades laborales que se les presentaron fueron de otra índole. Un gran porcentaje de egresados de universidades se da cuenta de que lo que estudió por tantos años no era lo que realmente deseaba.

Tener un propósito en la vida hace que nuestro nivel de felicidad se incremente y, por lo tanto, al paso del tiempo podemos afirmar que hicimos lo que realmente quisimos.

Buen momento para preguntarnos: ¿Qué actividades me producen gran satisfacción y alegría? ¿Qué es lo que realmente me gusta hacer y cuando lo hago pierdo el sentido del tiempo? ¿Para qué soy bueno? ¡Fuera humildad! Acepta y reconoce para qué eres bueno, tú lo detectas y los demás lo afirman.

En el supuesto de que mi situación económica esté resuelta y quisiera hacer algo de provecho, ¿qué actividad estaría dispuesto a hacer aunque no me pagaran?

Contestar las preguntas anteriores puede orientarte a lo que son los verdaderos propósitos en tu vida.

Hay una pregunta más que nos hace valorar lo que realmente importa: ¿Qué haría si supiera que sólo me queda un año de vida?

Te aseguro que vienen a tu mente actividades, viajes y personas que realmente te importan y se convierten en ejes fundamentales en tu propósito de vida.

Todos, sin excepción, desde que nacemos, tenemos un propósito y nos corresponde encontrarlo para elevar nuestro nivel de felicidad.

Es un compromiso personal, y quienes lo asumimos lo buscamos incansablemente para encontrar la plenitud.

Para facilitarte el proceso, existe una metodología basada en la filosofía japonesa IKIGAI, que significa "un motivo para levantarse en las mañanas". Esta metodología tiene cuatro pasos para detectar nuestro verdadero propósito:

- Hacer algo que realmente ames.
- Hacer algo para lo que eres bueno.
- Que ese algo te genere ingresos o puedas hacerlo sostenible.
- Que hacerlo genere un beneficio a la comunidad.

Cuatro importantes aspectos que te ayudarán (con la metodología IKIGAI) a encontrar tu verdadero propósito en la vida. Y si por alguna razón sientes que trabajas en algo que no es lo tuyo, no amas, pero te reditúa ingresos, te recomiendo lo siguiente:

1. Pregúntate qué puedes hacer para disfrutar tus actividades y tareas. Si lo que haces es monótono o aburrido, ¿qué harás para contrarrestarlo? ¿Qué puede darle sentido a tu trabajo? Cuidado en contagiar esa misma apatía para buscar una respuesta. No hay trabajo monótono, hay gente monótona que hace trabajos. Así o más claro. ¡Zas!

2. ¿Qué puedo hacer para encontrarle sentido a lo que hago? Recuerda los beneficios económicos obtenidos con lo que haces, así como las vidas que estás cambiando o ayudando. No rindas culto al sacrificio sin beneficios, pues fácilmente se puede caer en el victimismo y creer que todo lo que se hace no tiene ningún sentido. Recuerdo a la señora Anita, quien durante 30 años de su vida trabajó en una maquiladora agregando una pieza a un producto. Todos esos años haciendo lo mismo en turnos de ocho horas, seis días por semana. Un día me atreví a preguntarle si no era aburrido hacer lo mismo tantos años. Con una gran sonrisa me contestó que mentiría si dijera que no había sentido algo de hastío por hacer lo mismo durante tantos años, pero que con sólo recordar que gracias a eso les dio educación a sus tres hijas, ese posible hastío pasaba a ser intrascendente.

Tres hijas responsables, profesionistas, que, en cuanto pudieron, sacaron a su madre de trabajar como signo eterno de gratitud por tanta entrega y dedicación.

Estoy seguro de que Anita tuvo una vida con cierto propósito, no sé si con amor o pasión por lo que hacía, pero sí con un inmenso amor a su familia.

3. Haz que tu trabajo sea una oración. Convierte tu trabajo en una plegaria haciendo en este momento lo que te corresponde de la mejor manera, con amor, con entrega, con dedicación, tratando a la gente como te gustaría que te trataran. No hagas del trabajo un suplicio en el que sufres tú y quienes tratan contigo. Recuerda, tienes tres opciones: te adaptas, te amargas o te vas.

4. Analiza oportunidades de mejora o ascenso. Si no te gusta lo que haces, procura ver otras actividades en el mismo lugar que te permitan ganar más dinero y sentirte mejor. Contrario a la historia de Anita, te cuento la de Antonio:

—¿Cuántos años llevas haciendo esto? —le pregunté, pues era operario de una línea automotriz.

—Tengo 23 años haciendo lo mismo.

—¿Y te gusta?

—La verdad no, pero qué le hace uno, ni modo.

—Pero ¿has intentado buscar un ascenso como supervisor o jefe?

—La mera verdad, no. Otros que trabajaban conmigo sí, pero yo no...

La siguiente pregunta sería: "¿Por qué no lo has intentado?" ¿Por conformismo, pesimismo, estado de comodidad con una dosis de monotonía? Las oportunidades para mejorar les llegan a quienes se preparan constantemente, aprendiendo lo que hacen otros, haciendo su trabajo muy bien para que eso sea su mejor carta de recomendación y después expresarlo a quienes sea necesario, con el propósito de ascender a puestos mejor remunerados y que al mismo tiempo impidan el hastío.

5. Busca otra opción. Si después de las recomendaciones anteriores no avanzas, creo que es momento de ponerte en movimiento y que busques actividades que realmente disfrutes y te hagan elevar el nivel de felicidad. De ti depende seguir con lo que no soportas o ponerte en acción para buscar mejores alternativas.

La felicidad depende de ti, es una elección que puedes hacer diariamente. Basta de lamentaciones que no te llevan a nada. Es momento de decidir, ¡de ser feliz con lo que hay y con lo que vas a cambiar!

Te propongo el siguiente ejercicio para crear felicidad y buena actitud. Procura hacerlo diariamente a partir de que abras los ojos. Practícalo durante 21 días para que se convierta en un hábito maravilloso; te pido que lo realices en forma de decretos o afirmaciones:

1. Mi primer pensamiento del día será de agradecimiento por todo lo que venga a mi mente. "Agradezco mi nivel de salud, mi trabajo o la capacidad para no darme por vencido y seguir en la lucha de lo que estoy buscando..." "Agradezco los aprendizajes diarios que la vida me permite." "Agradezco la familia que tengo, sea como sea, la comida y la fortaleza que he logrado gracias a las buenas y malas experiencias vividas." De eso se trata, de agradecer por todo lo que se me ocurra cada mañana, lo noble y hermoso de mis días.

Puede ser mentalmente o por escrito.

Recomiendo pegar en un lugar visible la siguiente frase:

¿Qué debo agradecer hoy?

2. Aprecio. Busco durante el día motivos para apreciar: valorar, admirar, amar. Aprecio es también fomentar y recordar constantemente la capacidad de asombro. Aprecio el amanecer, el buen trato de los demás, la risa de mi familia y amigos; aprecio los actos de bondad que hago y realizo.

Aprecio a la gente que me rodea, busco ahora cualidades en quien sólo veía defectos. Procuro tener armonía con la gente, evito conflictos en los que nadie gana.

3. Decreto un día próspero. Decreto que hoy será un buen día. Decreto que pondré mi mejor actitud en todo lo que haga, diga o reciba. Decreto ayudar en la medida de mis posibilidades a quienes me rodean. Decido ser feliz a pesar de las adversidades que se presenten.

Este decreto es muy poderoso porque cuando lo piensas o lo dices con firmeza queda grabado en la mente subconsciente y de manera automática; aparece en momentos de crisis, esto hace que tu reacción sea diferente a lo que comúnmente pensamos en situaciones extremas.

4. Adopto una postura próspera. Corporal y facial. Un lenguaje corporal que exprese que todo estará bien, enviaré un maravilloso mensaje a mi subconsciente que me ayudará a tener una mejor actitud durante el día, pues es cierto que una cara afable, agradable, atrae situaciones similares.

5. Descubro o invento razones para reír y sonreír. Cuando sonrío, mando un mensaje a mi subconsciente de prosperidad y bienestar. Poner en mi rostro una sonrisa siempre dará dividendos según la forma en la que reacciono ante los sucesos del día. Además, atraigo a mi vida, para mi fortuna, a gente similar.

Un día le dijeron al papa Francisco: "Deme un ejemplo de belleza simple, cotidiano, que podamos tener para ayudar a los demás a que sean mejores o más felices." A lo que contestó el papa: "Me vienen a la mente dos: la sonrisa y el sentido del humor. Es maravillosa la capacidad de sonreír, es la flor del corazón, sobre todo cuando es gratuita y no está manipulada por intereses seductores, la sonrisa fresca. Y sobre el sentido del humor, déjame hacer una confesión personal —hizo una pausa y agregó—: Todos los días después de rezar las laudes, rezo la oración de Santo Tomás Moro para pedir el sentido del humor. Empieza de una manera muy peculiar: "Dame, Señor, una buena digestión, ¡pero también algo para digerir!"

¿Así o más clara la lección del papa?

El anciano amargado

Este relato lo leí hace muchos años y me dejó una gran enseñanza:

Un anciano vivía en un pueblo. Todo el pueblo estaba cansado de él, siempre estaba triste, se quejaba constantemente y siempre lo encontraban de mal humor. Cuanto más vivía, más vil era y más venenosas se hicieron sus palabras. Entonces la gente hizo todo lo posible para evitarlo porque su desgracia era contagiosa. Creaba la sensación de infelicidad en los demás.

Pero un día, cuando cumplió 80 años, sucedió algo increíble. De la nada todos comenzaron a escuchar el rumor: "El viejo está feliz hoy, no se queja de nada, sonríe, incluso su rostro parece iluminado."

Toda la aldea se reunió alrededor del hombre y le preguntó: "¿Qué te ha pasado?"

El viejo respondió: "Nada especial. Ochenta años perseguí la felicidad pero fue inútil. Ahora decido vivir sin felicidad y simplemente esforzarme en disfrutar la vida. ¡Y así he alcanzado la felicidad!"

La moraleja de esta historia es muy clara: no persigas la felicidad, ¡disfruta la vida!

En conclusión:

1. La felicidad no es ausencia de problemas, es tener buena actitud para enfrentar lo que se presente, procurando mantener armonía y estabilidad. No digas que tu vida no ha sido feliz, tal vez has tenido múltiples adversidades en las que te faltó estabilidad emocional. Sólo recuerda que todo pasa. Por más difícil que sea lo que se vive en el momento, todo pasa.

2. Deja de postergar el inicio de tu felicidad. Hagámoslo un decreto diario con el fin de hacer de la felicidad un hábito. Recuerda: siempre habrá motivos para agradecer.

3. Crea hábitos diarios que te ayuden en el proceso. Agradece, aprecia, adquiere una postura ganadora, agrega una sonrisa.

4. Llena tu vida de acciones y palabras que te conviertan en un motivador innato ¡para que deseen imitarte! Nunca olvides que la verdadera felicidad se encuentra cuando llegas a tocar favorablemente la vida de los demás.

5. Recuerda que para aumentar el nivel de felicidad se requiere de esfuerzo; una serie de acciones basadas en la generosidad que ayuden a recordar la cercanía del maravilloso tesoro llamado felicidad.

3

YA SUPÉRALO: EL RENCOR ACUMULADO

"Lo odio tanto, César. No te imaginas la rabia que siento cuando veo su hipócrita sonrisa en el Facebook con su nueva novia, una *huerca* corriente de 25 años, toda operada de las *bubis* y de las nalgas. Los odio a los dos con todo mi corazón —y continuó—, descaradamente ponen fotos de todos los viajes a donde el muy *tontejo* —por no escribir la palabra que ella dijo— la lleva, pagándole todo, incluyendo regalos que nunca en su vida me dio a mí. ¡Viejo ridículo, odioso! Deseo que Dios los castigue a los dos, especialmente a él, que se le seque el pito y la polla por haberme abandonado a mí y a sus hijos."

¡Ups! ¡Una disculpa! Son palabras textuales expresadas por una conocida de mi familia que, por obvias razones, cambio su nombre y le diremos Paty, aunque estoy seguro de que cuando ella lea este libro sabrá perfectamente a quién me refiero.

Mujer guapa de 44 años, con un nivel académico alto, con un trabajo relativamente estable, pero con una cara de dolor y agotamiento físico notable.

Su letanía duró aproximadamente una hora y fueron incontables las veces que repitió las palabras *odio*, *humillación*, *coraje*, *idiota*, *corrientes*, *prostituta*, *ridículo*, *viejo*, *infeliz* y otras más que la verdad no vale la pena recordar.

Se cumplían dos años de haber descubierto la infidelidad de su ex marido, sin embargo, no era la primera vez que lo pescaba infraganti.

—Por supuesto que es imaginable el dolor que sientes, Paty, pero no puedes vivir con ese rencor durante todo este tiempo.

—No soy sólo yo la que lo odia, también sus hijos lo desprecian pero lo ven cada semana para ver qué le pueden sacar.

Me concreté a escucharla, deseando que sacara todo ese dolor que la laceraba y la había llenado de amargura.

Al finalizar, con lágrimas en los ojos, me preguntó qué podía hacer para no sentir tanto coraje en contra de quien amó tanto.

—¿En serio lo amaste tanto? Me dices que no es la primera vez que te engaña.

—Fueron varias veces, pero decidí, ahora sí, no soportar más ser su burla y seguir perdonando sus cochinadas. Descaradamente me ha buscado para regresar, pero por supuesto que ya no, hasta que se me hinque y se arrastre pidiendo mi perdón.

—Paty, contesta las siguientes preguntas para entender tu dolor: ¿Hay mucho que rescatar en la relación? ¿Es buen proveedor? ¿Fue un buen marido? ¿Ha sido un buen papá? ¿Niega lo que por razones obvias tú viste? ¿Se arrepiente de sus errores? ¿En serio crees que va a cambiar?

Las respuestas fueron totalmente fuera del contexto de alguien que desea regresar para formar un hogar. Ni por asomo fueron positivas a las preguntas que formulé.

—¿Entonces por qué tu afán de odiar, despotricar y pedir que te venga a suplicar el perdón? ¿Qué necesidad tienes de eso, si por lo visto no hay nada que rescatar en esa relación?

—¡No sé! —contestó—. Y lo que sí sé es que si no es feliz conmigo, con nadie más lo será.

¡Zas! ¿Así o más odio?

No está por demás decirte que durante estos dos años llenos de ira, la vida de Paty ha estado colmada de enfermedades como gastritis, colitis y una enfermedad de la piel que, hasta la fecha, los médicos no han podido tratar adecuadamente.

Tal y como lo escribí en mi libro anterior, *Actitud positiva... ¡y a las pruebas me remito!*, una de las emociones que más enfermedades causa es el rencor acumulado.

A Paty le sucede lo que a muchas personas heridas, se llenan de odio y de rencor por la decepción que tuvieron.

Es su ego el que reacciona. El ego es esa parte nuestra que nos quiere convencer de que jamás debemos aguantar humillaciones de ningún tipo. Es esa parte de nuestro ser que quiere convencer a los demás de lo mucho que valemos y merecemos. Y es ese mismo ego el que nos invita a defender lo indefendible y nos llena de ira o angustia por no lograr lo que tanto deseamos.

Por más que quise cuestionar a Paty con preguntas para que ella misma descubriera el mal que se estaba haciendo con tanto odio o rencor acumulado, fue prácticamente imposible conseguir que cambiara de opinión.

Aun con sus respuestas lógicas para ya no seguir con esa cacería llena de ofensas y rencores, ella continúa odiando y despotricando contra quien, según sus palabras, amó toda su vida.

No queda más que reflexionar en lo importante que es soltar un amor, un deseo, una ilusión cuando se revierte la parte hermosa y sensible para dar paso al dolor, la rabia y el rencor.

Piensa un momento en una persona resentida, rencorosa, dispuesta a vengarse o a cobrarse las cosas que, según ella, la vida le ha hecho, sólo espero que la persona en la que piensas no seas tú.

Si aceptas que eres tú quien carga con el yugo del rencor acumulado, puedes ir al espejo para comprobar algo:

Tu mirada no es igual a la de quienes no acostumbramos guardar ese tipo de recuerdos o agravios. Las facciones del rencoroso demuestran descontento con la vida pues, según él, no recibe lo que merece de parte de los ingratos que no valoran ni agradecen su presencia.

Le cambia la cara, cambian sus palabras, cambian sus acciones por acumular tanta basura emocional, fruto de la poca capacidad para interpretar, aceptar o dejar ir las traiciones y sinsabores de quienes en un momento determinado lo afectaron.

¿La infancia es destino?

Hasta ahora, en mi noveno libro, me atrevo a decir que mi infancia no fue fácil; quien me ve ahora y me conoce le será difícil creer que a los siete años era un niño con temores y preocupaciones. Para mí no era fácil la convivencia con niños de mi edad por mi timidez extrema y por la gran necesidad de aceptación que tenía, probablemente por nunca creerme o sentirme aceptado por mi papá.

Soy el cuarto de siete hermanos, el de en medio, el que se ha dicho que puede ser el hijo que más problemas causa, puedo afirmar que en mi caso no fue así. No seguí los pasos de mis hermanos mayores, quienes trabajaron a muy temprana edad para ganarse la vida. Yo decidí estudiar medicina por el reto que conlleva y las ganas inmensas de ayudar a los demás. Me dejé sorprender por la vida y abrí las puertas que se me han presentado. Ejercí y disfruté mi profesión por 20 años y acepté después el reto de ser médico de almas y no de cuerpos.

Durante la práctica médica aprendí que la mayor cantidad de enfermedades tienen un nexo emocional: la tristeza, la incertidumbre, la ira y el rencor son sentimientos que más enfermedades desencadenan.

Mis pacientes recurrentes o frecuentes en la consulta eran personas con graves conflictos emocionales que enfermaban de una y otra cosa. Desde gripa hasta situaciones graves como enfermedades degenerativas, incluso cáncer.

Hace años decidí hacer las paces con mi pasado. Dejé de juzgar sobre el tiempo o la forma en la que me dedicaron cariño. Ahora simplemente acepto lo vivido y agradezco todo. Mis padres me dieron lo que podían y punto. ¿La infancia es destino? Sí, para bien, si procuras buscar el lado bueno a las cosas, y mira que no es fácil, pero tampoco imposible. O para mal, si te aferras a esa historia de dolor para llenarte de resentimiento contra quienes te hicieron daño.

En mi caso, utilicé las posibles carencias como grandes oportunidades. Si hubiera tenido más, quizá no hubiera tenido las agallas para lograr lo que ni yo mismo imaginé.

Además, son la única razón con que justifico las comparaciones que generalmente son odiosas, pero en mi caso me ayudaron a valorar que no todo es tan terrible. Si otros, bajo peores circunstancias, han salido adelante, ¿por qué yo no?

Por la actividad que actualmente realizo recibo cientos de correos de hombres y mujeres que tuvieron una infancia terrible, con maltratos, humillaciones, vejaciones y demás.

He conocido a mujeres que sufrieron abuso sexual en etapas tempranas de su vida. Algunas siguen lamentándose por la infancia terrible que tuvieron, sin buscar, ni desear, ayuda terapéutica para mitigar el trauma causado.

Siguen su vida con el rencor a cuestas, con crisis depresivas o suplicando amor de quienes a leguas se nota que las maltratan, incluso algunas llegan a convertirse en personas resentidas y agresivas contra seres inocentes.

Por otra parte están quienes hicieron las paces con su pasado, personas que tienen muy claro que no fueron culpables de las situaciones lamentables que vivieron. Acuden a terapia, en caso necesario, o buscan información que les ayude a superar los recuerdos y vivencias de su infancia dolorosa.

Me sorprende su resiliencia, esa capacidad de ser más fuertes después de un gran dolor. Y muchas veces me pregunto: "Si ellas lograron superarlo, ¿por qué tú no?" La vida me ha permitido encontrar en mi camino a personas que hacen del rencor un alimento diario, incluso este sentimiento llega cambiarles las facciones, sus palabras y acciones.

Sí, la gente cambia, para bien o para mal, nos guste o no, y duele más cuando la persona que cambia es un ser querido que ha recibido palabras ofensivas, algunas veces merecidas, de las cuales es bueno aprender y decidir si es necesario que modifique su conducta o no, u ofensas inmerecidas que, en lugar de hacerlas a un lado, a veces la persona las arrastra durante muchos años, recordándolas una y otra vez en sus charlas, dando santo y seña de los detalles que tanto la hirieron.

¿Vale la pena recordar una y otra vez esas anécdotas terribles?

Recuerdo una frase de Osho: "Cada vez que te ocurra un sufrimiento, no lo guardes. Deja que suceda pero no lo guardes. ¿Para qué seguir hablando sobre él? Recuerda la siguiente ley: todo aquello a lo que le des tu atención, crecerá. La atención es un elemento que ayuda al crecimiento. Si le prestas atención a algo, crece más."

Tuve la fortuna de entrevistar en mi programa de radio a un maestro de la India. Era un hombre con amplia experiencia en sanación de heridas pasadas a través de la práctica de enseñanzas budistas. El tema era "¿Cómo mejorar la relación entre padres e hijos?" Hijos groseros o malagradecidos que no valoran el sacrificio o entrega de sus padres. Sinceramente, yo esperaba que la intervención del maestro se orientaría a que los hijos traten a sus padres con respeto y amor, pues el arrepentimiento posterior puede ser terrible. Esperaba que hablara sobre el karma y sus efectos en quienes actúan de manera desconsiderada.

Pero no. Mi sorpresa fue mayor cuando le pregunté específicamente qué les diría a los hijos que tratan mal a sus madres. Su respuesta textual fue así: "Mis maestros de mayor edad en la India me han enseñado que los hijos que tratan mal a su madre deben considerar su forma de actuar porque batallarán siempre en el futuro para encontrar o conservar el amor en su vida." ¡Sopas!

Ante esa afirmación tan impactante le pregunté qué les diría a quienes tratan mal a su padre. Así me respondió: "A ellos, mis maestros de la India me enseñaron que batallarán más para obtener y conservar el dinero." ¡No te imaginas la cantidad de personas que pasaron en ese momento por mi mente! Amigos y conocidos que no fueron buenos hijos con sus padres y ahora tienen carencias de amor y falta de dinero.

Mi tercera pregunta fue: "¿Qué les dirías a quienes han sufrido abusos por parte de sus padres?" Enfáticamente contestó: "¡Que terrible situación! Puedo imaginar el dolor o resentimiento que pueden tener, sólo les pido que tiren esa piedra volcánica encendida que están cargando. Que inicien cuanto antes una terapia de perdón para sanar sus heridas y sigan su camino."

Me pregunto cuántos hombres y mujeres llevan a cuestas esas *piedras volcánicas incandescentes* que los queman y atormentan pero no están dispuestos a tirarlas. Las siguen recogiendo una a una sin darse cuenta de las graves lesiones que ocasionan en su salud física y emocional.

Por eso siempre te recomendaré recurrir a especialistas tanto de salud física como mental para que vivas en plenitud y bienestar.

Realizar la terapia de sanación de tu niño o niña interior será siempre una excelente alternativa si sufriste en tu infancia algún tipo de violencia en cualquiera de sus variantes, como víctima o testigo. Según la escritora y conferencista Margarita Blanco, experta en el tema, 99% de los adultos somos niños heridos. Personas como tú y como yo, que aún recordamos rechazos o humillaciones que quizá creemos que no dejaron huella en nuestro ser, pero lo más terrible es que sí. Generalmente dejan marcas profundas que sólo se borran haciendo presente ese recuerdo para luego sanar las heridas causadas.

Recuerdo una frase que me hirió mucho en la niñez, fue muy simple y aparentemente insignificante pero dejó en mí tristes secuelas: "¡Tú no te metas, tú no sabes nada y además no te importa!"

Mucho tiempo creí que no me había afectado, pero la frase venía de alguien con un gran peso moral o emocional en mi vida y por supuesto que me dañó. Cuántos habremos escuchado en nuestra infancia frases así: "¡Tú no juegas!" "¡A ti no te invito!" "No sirves para nada." "Eres un tonto, no aprendes nada."

Frases que, te aseguro, todos hemos escuchado o dicho, y si son alimentadas con emociones como la tristeza, la sensación de soledad o abandono, baja autoestima, entre otras, ocasionan daños por muchos años, incluso para siempre.

Imagina el daño que puede causar a un joven el ser discriminado en los accesos a los antros por ser considerado *no atractivo* por un cadenero que para nada tiene que ver con los parámetros absurdos que él mismo usa para permitir la entrada, situación que si se aplicara en ellos, obviamente quedarían ubicados al fondo del mar por pertenecer a la categoría de casi espantosos. ¡Qué ironía!, ¿no?

Ya he recomendado en mis conferencias y en uno de mis libros la sanación del niño interior, ¡y por supuesto que funciona! Es relativamente fácil de hacer por un terapeuta o incluso tú solo, si buscas un lugar tranquilo, sin ningún tipo de interrupciones, con una fotografía tuya, de preferencia en etapa preescolar o de los primeros años de educación.

Agrega una música que te inspire a platicar unos momentos con ese niño que aún está en ti, dile cuánto lo amas y que estás dispuesto a protegerlo siempre. Busca en el baúl de tus recuerdos todo lo bueno y, sobre todo, lo malo que has vivido: humillaciones, vejaciones y recuerdos lamentables de una infancia en la que, obviamente, no fuiste responsable de muchos de tus actos, pero tuvieron consecuencias que te marcaron con dolor, y fue así porque no sabías de los resultados, pues no tenías forma de saberlos, ni la madurez necesaria para saber de las repercusiones.

Lo más importante de una dinámica sanadora como ésta es ver fijamente la fotografía y decirle a ese niño o niña que no fue culpable de lo vivido. Una y otra vez lo dices, le repites: "Tú no fuiste culpable de eso que te ocasionó tanto dolor o tanta tristeza..." Resáltalo y dilo las veces que sea necesario, dile que tú, su adulto, siempre estarás ahí para cuidarlo, protegerlo, ayudarle y, sobre todo, ¡para amarlo!

¡Es una lloradera! Pero te aseguro que ayuda enormemente a sanar heridas del pasado que tal vez aún ocasionan estragos en tu presente. No esperes más, inténtalo, sí, ¡hazlo! Los beneficios son enormes para todos, recuerda que 99% de los adultos somos niños heridos que buscamos sanar nuestras lesiones pasadas pero las enfrentamos tratando de ganar el cariño de los demás, sintiéndonos víctimas de todo lo malo que sucede, viviendo relaciones de codependencia o sintiéndonos poco merecedores de todo lo bueno, lo hermoso y lo mejor que hay en la vida.

Así que desde hoy, ¡sana tus heridas del pasado para disfrutar el presente y el futuro!

Con el rencor a cuestas por palabras ofensivas

En un antiguo monasterio, el monje más sabio convocó a todos los aprendices a una reunión en el área de la cocina. En cuanto llegaron los jóvenes, el maestro le entregó a cada uno un saco de lona desteñida. Cuando todos se colocaron alrededor de la mesa central el monje les dijo:

"Todos guardamos en nuestro corazón diversos rencores contra familiares, amigos, vecinos, conocidos, desconocidos, y a veces hasta contra nosotros. Busquen en el fondo de su corazón las veces en las cuales ustedes no han perdonado alguna ofensa, algún agravio o cualquier acción que les haya producido dolor. Ahora tomen una de estas papas, escriban sobre ella el nombre de la persona involucrada y colóquenla en el saco que les di. Repitan esta acción hasta que ya no encuentren más casos en su memoria..."

Acatando las instrucciones, todos llenaron poco a poco sus respectivos sacos. Al terminar, el monje agregó:

"Ahora cargarán el saco que llenaron durante todo el día a lo largo de dos semanas, sin importar a dónde vayan o qué tengan que hacer."

Pasados 15 días, el sabio volvió a reunir a los aprendices y les preguntó:

—¿Cómo se han sentido? ¿Qué les ha parecido esta experiencia?

—Es una carga realmente pesada, tal vez excesiva —respondió uno.

—Estoy cansado y me duele la espalda... —dijo otro.

—No es tanto el peso, sino el olor nauseabundo que empiezan a emitir las papas que ya están podridas —replicó otro.

—Cuanto más pensaba en las papas, más me pesaban y más sentía ese desagradable olor —afirmó uno más. A lo que el maestro contestó:

—Pues bien, eso mismo es lo que pasa en nuestro corazón y en nuestro espíritu cuando, en lugar de perdonar, guardamos rencor. Al no perdonar a quien nos hirió, creemos que le estamos haciendo daño, pero en realidad nos perjudicamos nosotros. No sabemos si al otro le importa o no recibir nuestro perdón, pero lo que sí es cierto es que el rencor que acumulamos a través del tiempo afecta nuestra autoestima, nuestra capacidad de vivir en plenitud, de amar, de ser felices y de desarrollarnos emocional y espiritualmente. El rencor se convierte en una carga fuerte y desagradable que lamentablemente se hace cada vez más pesada si pensamos en lo ocurrido. Si actuamos así, el rencor va secando nuestro corazón. Aprendamos a perdonar al otro sin importar si no se ha disculpado o aunque no lo merezca. Recuerden, no sabremos si ese perdón será de utilidad para el otro, pero con toda seguridad ese perdón nos fortalecerá a nosotros.

Esta hermosa lección de vida nos ayuda a entender la importancia que tiene aprovechar lo bueno de los demás y no quedarnos con odios, rencores o agravios; ya de por sí la vida es complicada como para seguir recogiendo la basura que la gente tira, fruto de sus frustraciones, amarguras y dolores. Millones de personas en el mundo no son prudentes, y a ti te rodean miles, así que entiéndelo de una vez, esas personas dirán lo que sienten en el momento, sin medir las consecuencias emocionales o cargas pesadas donde avientan su ira o su dolor, pero es saludable recordar que siempre depende de cada uno de nosotros aceptar o no lo que se nos dice con tanta saña.

Qué afán de seguirle el cuento a quienes demuestran insensibilidad y poca prudencia defendiendo nuestra postura con argumentos que tal vez a ellos les entran por un oído y les salen por donde se les da su regalada gana.

Las emociones más dañinas: la ira y el rencor

Cada una de tus células resiente ambas emociones y hoy te pregunto: ¿En serio mereces seguir acumulando emociones tan nocivas por tanto tiempo?

En mi libro *El lado fácil de la gente difícil* hablo de cuatro tipos de rencorosos o resentidos: rencorosos por naturaleza: quienes usan frases como "jamás olvidaré lo que me hizo sentir", recuerdan fechas, detalles negativos con tal nitidez, dignos de una mente superdotada.

El segundo tipo son los rencorosos, a los que les gusta recordar a sus ofensores todo lo que en alguna ocasión hicieron, les hayan o no pedido perdón por sus ofensas; hayan o no ganado cientos de estrellitas en su frente por el cambio favorable que tuvieron; simplemente las cosas buenas quedan en el olvido porque el rencor acumulado pesa mucho más que las buenas acciones.

También están los rencorosos "en recuperación". Afirman que ya superaron las ofensas porque elevaron su nivel espiritual, fruto de su encuentro con Jesucristo o de sus aprendizajes del budismo u otra religión, pero esperan que cuando el agresor se vaya de este mundo ¡se queme en las llamas del infierno por todo el daño que les ocasionó! Y al final afirman: "Pero yo ya lo perdoné…" ¡Sí, cómo no! Lo bueno es que —dicen— ya lo superaron.

Espacio aparte merecen los promotores del resentimiento: individuos que gustan de acrecentar la falta de perdón incitando a no olvidar los agravios. Su frase favorita: "Yo que tú, no lo perdonaba, si te lo hizo una vez, te lo hará dos veces." Increíble forma de atizar el fuego del resentimiento, incluso de la venganza, contra quienes en un momento de debilidad o estupidez hicieron o dijeron algo que dañó a otra persona.

No es lo mismo dejar que la justicia humana o la justicia divina hagan lo suyo, que fomentar con fuerza el resentimiento mediante insinuaciones que hacen más grande la herida. Me gustaría que aplicaras las siguientes afirmaciones poderosas para superar, de una buena vez, ese rencor lacerante que daña el alma:

1. La gente no será como yo deseo. La gente es como es y punto. Habrá quienes agradezcan mi presencia y habrá a quienes les alegre mi ausencia.

2. Imposible agradar a todo el mundo. Recuerdo la regla 80-10-10. A 80% de las personas, bajo condiciones normales, les agrado, siempre y cuando escuche, agradezca, elogie y tenga una actitud afable. A otro 10% le soy indiferente. Digamos que simplemente no le importo. Pero al otro 10% le voy a caer mal. ¿Por qué? Por nada o por todo. No hay respuesta. Podrán ofenderme con palabras hirientes, ensalivadas de coraje o envidia. Me quedo con la frase: "No soy monedita de oro para caerle bien a todos." ¿Así o más claro?

3. Hago las paces con mi pasado. Procuro buscar terapia en caso necesario. Perdono a quien debo perdonar, me sacudo el polvo y sigo mi camino, pues es desgastante revivir, a la menor provocación, escenas dolorosas de mi pasado sin aplicar un aprendizaje sobre lo vivido que me ayude a confrontar y superar el dolor. La vida sigue y tú decides qué hacer con el dolor, te quedas rumiando con él una y otra vez lo mucho que has sufrido, lo asimilas y aprendes la lección, lo olvidas o lo utilizas para ser aún más fuerte.

El propósito en la vida es buscar la mejor manera de conectar tus sentimientos con el bienestar, alejarte de peleas ocurridas hace mucho tiempo y tener pensamientos positivos en lugar de rencores. Una buena forma de encontrar paz, claridad mental y tranquilidad para tomar decisiones es la meditación. Y no es necesario estar en el Tíbet, en el monasterio más alejado de la civilización entre monjes que levitan y duermen sobre nubes de amapolas, ¿así o más exagerado y falso? No. Puedes meditar en un jardín, en un salón con otros compañeros en busca de bienestar, en la playa o la montaña, en tu casa, en donde tú quieras. Procura hacerlo horas antes de dormir y de manera regular. Para que estés más convencido de sus resultados y así elimines, de una vez y para siempre, la idea equivocada de que es sólo para budistas, almas zen o místicos que pasean entre los árboles, te comparto la opinión del doctor Sanjiv Chopra, decano en la escuela de Medicina de Harvard, quien con el doctor Alan Lotvin escribió el gran libro *Médicos reales, respuestas reales*, dice el doctor Chopra: "La meditación es una técnica no religiosa y bien conocida que llevan practicando decenas de millones de personas desde hace miles de años y por todo el mundo. Muchos de quienes la practican afirman que les conduce a un estado mental de serenidad, que mejora sus relaciones interpersonales y su felicidad general. Yo puedo dar fe de que esto es cierto. Para mí la meditación es lo mejor que he hecho en los últimos 30 años, y gran parte de mi éxito en la vida lo atribuyo a la práctica habitual de la meditación trascendental." ¿Así o más claro?

En conclusión:

1. Nadie dice que es fácil, pero lo más sano y lo mejor es hacerte a un lado cuando una persona te dice que ya no te ama, que no quiere ser tu compañero o compañera de vida, no te llenes de dolor, de rencores y deja que se vaya, mientras más lejos esté de ti, mejor.

2. Si crees que alimentando tu coraje o tu rencor la persona que se fue sufrirá por tu ausencia, estás equivocado. Cuando alguien decide alejarse de nosotros por otra persona piensa en su felicidad, y si a nosotros nos duele, nos mata o nos hace cachitos ¡ya no es su problema! Supéralo, esa persona busca su felicidad, y tú ¡debes buscar la tuya!

3. No porque maldigas, lances tu veneno o te concentres en desearle mal a alguien se hará realidad tu ponzoña. Todo en la vida nos deja una lección y el rencor acumulado nos deja enfermedades en el cuerpo y en el alma.

4. Soy responsable de mis actos y de mis decisiones, hoy decido soltar la amargura y el rencor, y con la ayuda de Dios, del poder superior o de lo que yo creo, veré un mañana más feliz y luminoso.

5. Todo pasa por algo, y cuando los días no son buenos, cuando las horas llegan con profunda amargura, ¡también pasan! Te recomiendo que le eches un ojito a mi libro *No te enganches #TodoPasa*, verás que después de una tormenta espantosa, al otro día, te lo prometo, saldrá un sol más grande, cálido y luminoso para tu vida.

YA SUPÉRALO: REGÁLATE EL DERECHO A LA DUDA

¿Así o más negativo?

"Desde que llegó venía de malas. Como que andaba buscando pleito y empezó a quejarse conmigo por una y mil cosas..."

"Llegó y saludó todo secote, dijo que no quería comer y se metió a su cuarto. Y yo que preparé la comida que tanto le gusta y mira cómo desprecia mi esfuerzo..."

"¡Qué poca vergüenza! Mira que decirme que nunca he tenido consideraciones con ella, cuando por años me he preocupado por darle las mejores condiciones, y no sólo eso, le he ayudado en muchas ocasiones cuando más lo necesitaba..."

Quien diga que le tienen sin cuidado tales actitudes mentiría. La reciprocidad en el buen trato es fundamental para la armonía. Sin embargo, ante tales acciones, a veces es bueno tener el derecho a la duda con preguntas como:

¿Será que estaba en un mal momento cuando dijo eso o actuó de esa manera?

¿Será que tiene muchos problemas con su familia y en el trabajo y no midió el peso de sus palabras o acciones?

¿Estaría en sus días de incomodidad?

¿Andaría borracha o borracho?

¿Le faltará amor, cariño o reconocimiento?

¿Estará con signos incipientes de locura?

Son preguntas similares que pueden ayudarte a otorgar el derecho a creer que la persona no quería decir lo que te lastimó o incomodó en ese momento.

Creo que el mejor regalo que he podido otorgar y otorgarme es *el maravilloso derecho a la duda*. Un derecho al cual todos tenemos acceso pero preferimos privarnos de sus múltiples beneficios.

Duda: sensación que tenemos cuando no estamos seguros de lo que vemos, oímos o sentimos.

¿No crees que es bueno regalarnos ese derecho cuando se trata de ofensas recibidas, indiferencia percibida o reproches injustificados?

Todos tenemos momentos buenos y momentos no tan buenos. Momentos de cordura y momentos de desesperación en los que buscamos culpables de nuestras tragedias: personas que sin deberla ni temerla se convierten en blanco de nuestras ofensas o en recipiente de amarguras.

No estoy justificando tan lamentable acción, porque ¿a quién le gusta recibir ofensas, acusaciones o reclamos injustificados? ¡A nadie! Sin embargo, todos podemos caer en las garras de quienes pasan por su peor momento.

Por eso me doy frecuentemente el regalo de la duda con mis hijos y con mi esposa, quienes, al igual que yo, no siempre están con la mejor actitud para bromear o dedicarme tiempo de calidad.

Recientemente mi hijita se fue a estudiar fuera de México por seis meses; digamos que estaba yo convencido de que dicho viaje era por su bien y para una gran mejora en su nivel académico. Muy pronto mis emociones relacionadas con la melancolía y la tristeza por tenerla a miles de kilómetros de distancia se hicieron presentes. En nuestra despedida, en el aeropuerto de México, me dijo que a diario se pondría en contacto conmigo, lo cual creí porque ambos estábamos sumamente consternados y juré no llorar para no hacer difícil el momento y su viaje. Lo cumplí, aunque después de dejarla en la sala de abordar caminé por los pasillos cual Magdalena: llore y llore desconsolado.

¿Cuántos días me habló mi hijita? Podríamos decir que no fue tan frecuente como acordamos y, por supuesto, mi ego pudo haberse aparecido para decir que mi hijita no me quiere; mi gran capacidad de hacerme la víctima pudo convencerme de que no significo nada para ella, que le envía más mensajes a su novio que a mí y otras frases más de autoflagelación que me convierten en alguien digno de consolar por tantas señales de aparente indiferencia.

¡Pero no! Me regalé el derecho a la duda y rápido me puse en sus zapatos para luego recordar un viaje que hice a Europa hace muchos años, en el que, la verdad, no me acordaba para nada de llamar a mi madre ni a mi padre.

Me regalé y le regalé el derecho a la duda al pensar que ella tenía muchas cosas por hacer, sin olvidar el estrés por el viaje y la necesidad de adaptarse a sus nuevas compañeras de departamento.

Me regalo el derecho a la duda al imaginar que desea estar más en contacto pero simple y sencillamente no puede por ahora, ¡y ya!

El amor es algo mucho más fuerte que un mensaje diario o una llamada telefónica.

Te pregunto: ¿Cuántos conflictos hubieras evitado en tu vida si te hubieras regalado el derecho a la duda? ¿Cuántas discusiones realmente intrascendentes se pudieron evitar por pensar de esta forma?

Típico: sólo deseo que la gente actúe como yo quiero. Creo y me convenzo de que quien tanto amo sabe de antemano qué deseo o cómo debe actuar ante determinada circunstancia, ¿por qué? Porque así respondería yo.

Pero ojo, que quede claro: ¡Yo! No tú. Yo respondería así, diría esto, actuaría así, pero tú no tienes por qué responder exactamente como yo.

Debo saber que la gente no debe reaccionar exactamente como yo quiero, pues sus circunstancias son diferentes a la mía, y es el derecho a la duda el que evita tanto desgaste emocional.

Me permito compartirte algunas estrategias que aplico en mi vida diaria:

1. No todos tienen el espíritu de servicio que deberían de tener.

Así como lo lees, no todos tienen la iniciativa de hacer sentir importantes a los demás. Por eso, cuando llego a un lugar y noto que lo que brilla por su ausencia es la falta de un servicio de calidad, si puedo, mejor voy a otro lado; si no me queda de otra, siempre está la alternativa de adaptarme y encontrar lo bueno dentro de esa situación. Pésimo servicio, pero excelente comida. El dependiente no sabe de servicio pero encontré lo que buscaba. Y si creo conveniente hacer una recomendación al gerente sobre lo que considero ahí oportuno para mejorar, lo hago.

Nunca olvidaré el día en que una recepcionista de un hotel importante me recibió con una actitud apática e indiferente. Con una cara demacrada, adornada con su toque de amargura y desenfado, quien además dio respuestas escuetas e insípidas a mis preguntas.

Estaba yo a punto de pedir que me atendiera otra persona, cuando no sé por qué se me ocurrió preguntarle si no había tenido un buen día. Volteó a verme con ojos llorosos y me contó su pesar por los días de agonía que había tenido su madre los últimos dos meses. Hija única, abandonada hace muchos años por su padre y con una madre ejemplar que la educó de la mejor manera que pudo, con mucho amor, pero que ahora sufría un cáncer terminal.

La escena terminó con un abrazo fraterno de los dos, el obsequio de uno de mis libros y la grabación en su celular de un mensaje para su mamita.

Te juro que desde entonces procuro regalarme el derecho a la duda antes de quejarme por el pésimo servicio que recibo, lo cual tú y yo sabemos que nunca justifica una mala actitud; sin embargo no todos tenemos la fortaleza o la capacidad de realizar una actuación magistral ante el infortunio.

Trabajar enfermo es terrible. Y te lo digo por experiencia propia. Nunca he cancelado una presentación por enfermedad y te doy mi palabra que motivar a la audiencia en esas condiciones no es nada fácil. Estar con fiebre, dolor intenso en todo el cuerpo y saludar a la gente con el cariño de siempre se convierte en un verdadero suplicio. Dar una conferencia con alto sentido del humor cuando el corazón sufre no es fácil pero, obvio, el público no tiene la culpa de mis problemas. La gente va a un evento mío con la mejor disposición y de mí depende que salga mejor que como llegó.

Me regalo el derecho a la duda ante un mal servicio, y me pregunto: "¿Qué pasará en la vida de la persona que me atiende en ese momento?"

2. La mayoría de la gente que nos rodea está desvelada.

Lo quieras o no, la gente que nos rodea no siempre está en su mejor momento. Vivimos en un país de desvelados por la facilidad que tenemos de estar conectados hasta altas horas de la noche, enviando y recibiendo mensajes o viendo novedades en nuestro celular. ¿Tú crees que esa situación no afecta el desempeño? ¡Claro que sí! La gente desvelada se encuentra más irritable, y sus reflejos y su capacidad de concentración disminuyen notablemente.

Por supuesto, puedes pensar en este momento: "¿Qué culpa tengo yo de sus pésimos hábitos para dormir?" Pero es bueno tenerlo en mente cuando se trata de gente importante en nuestra vida, personas que influyen muy fuerte en nosotros, para evitar roces frecuentes por cosas intrascendentes.

Tristemente creo que nunca, en toda la historia de la humanidad, la gente había estado tan distraída como ahora. Ante el infortunio de recibir una ofensa inmerecida (puedes incluirlo en tu repertorio del derecho a la duda), piensa que tal vez esa persona que te ofendió no durmió bien y por eso dijo esa tontería.

3. Imprescindible regalarte el derecho a la duda en familia.

Llego cansado de un viaje, pensando que me van a estar esperando mis hijos con la misma ilusión con la que llego, pero no siempre es así. O viceversa, a veces la ilusión de verme es de ellos y llego con la batería descargada.

Ellos tienen su dinámica, sus pendientes, sus conflictos y sus prioridades. No siempre los padres estamos en esos primeros planos, lo cual no significa que no nos amen.

El ejemplo más significativo eres tú. Cuando nos enamoramos, nuestros padres pasan a segundo o tercer plano. Lo quieras o no. Así es la vida y de nada sirve estar lamentándonos. En pareja, ni se diga: nacen los hijos y aunque muchos especialistas en el tema digan que nunca hay que descuidar a la pareja, no siempre es así. Es fundamental regalarte el derecho a la duda en esas circunstancias.

Reitero: no es que no nos quieran, es que el amor evoluciona de diferentes maneras y no siempre es a nuestro favor.

Me regalo el derecho a la duda cuando no recibo las llamadas que espero en el momento que deseo y cuando la gente no sabe mis necesidades y la posible soledad que sienta en ese instante; seamos claros, lo que en un momento puede ser de suma importancia para mí, no siempre lo es para los demás.

¿O qué? ¿Prefieres ser siempre la víctima eterna de la poca consideración que tiene tu familia contigo?

Si no puedes superarlo, busca el momento correcto para hacer tus recomendaciones pertinentes, deja en claro tus necesidades y expresa lo que sientes. La gente que amas no es psíquica ni vidente, así que si esto te sobrepasa, expresa tus sentimientos:

"Me gustaría que fueras más…" "Me siento más a gusto cuando…" "La verdad me duele que…" Recordando siempre utilizar la primera persona para evitar conflictos.

¡Ya supéralo!, toma las cosas de quien vienen y procura no engancharte de más con situaciones que en un futuro serán prácticamente intrascendentes.

En conclusión:

1. Antes de cuestionar los actos de una persona, de hacer una acusación o un juicio muy fuerte sobre su conducta, pregúntate si en realidad tienes razón, muchas veces sólo vemos moros con tranchetes y no tenemos toda la información para emitir un juicio valioso.

2. Procura ponerte en los zapatos de la persona que te da una primera mala impresión, que no te ofrece el servicio que tú consideras ideal. A veces pasamos por días muy complicados, incluso enfermedades, que impiden dar la mejor versión de nosotros.

3. Regálate el derecho a la duda cuando encuentres a alguien enojado o distraído, piensa que en ese momento es posible que su actitud se deba a una situación extraordinaria, recuerda que incluso tú tienes momentos malos que te hacen decir y hacer cosas de las que luego puedes arrepentirte.

4. Evita ser la víctima por la poca consideración que tienen contigo tu familia, tus amigos o tus compañeros del trabajo. Expresa lo que sientes, habla claro y firme respecto a lo que deseas y lo que necesitas, los demás no tienen por qué adivinar tus pensamientos.

5. Antes de actuar como energúmeno ante lo que consideras, sólo tú, una falta de respeto o un descuido imperdonable, reflexiona, respira profundo, si aún quieres reclamar, piensa en la frase que una vez me dijo un amigo: "Nadie es perfecto, hasta yo me equivoco!" ¡Sopas! Si aún después de estas pausas tu coraje es muy grande, entonces sí, ni hablar, reclama tus derechos.

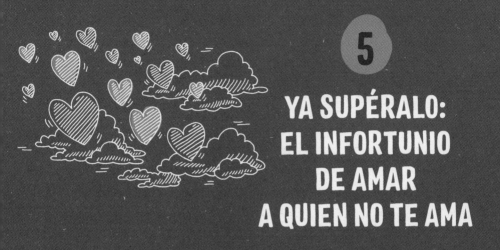

5

YA SUPÉRALO: EL INFORTUNIO DE AMAR A QUIEN NO TE AMA

A fuerzas... ni los zapatos entran

No puedes aferrarte a alguien que no quiere quedarse a tu lado.

Y todo empieza porque buscamos a alguien que nos haga felices.

"Estoy buscando quien me haga feliz..."

"Ya encontré quien me va a hacer feliz..."

"Me casaré porque él —o ella— es quien me dará felicidad."

Increíble que en pleno siglo XXI todavía existan quienes dicen que están buscando a quien los va a hacer felices.

Y muchas o muchos dicen que lo encuentran y expresan con gusto: "¡Ya encontré a quien me va a hacer feliz el resto de mi vida!" Pero si de verdad andas en busca de quien te haga muy feliz, ¡pues búscate un payaso! Alguien que te divierta todo el día con sus ocurrencias y haga que te olvides de tantas miserias emocionales que vives.

A duras penas esa persona es feliz con su vida como para aventarle ahora la responsabilidad de hacerte feliz a ti. No olvidemos que es alguien como tú, con aciertos y desaciertos, éxitos y problemas, momentos buenos y malos, traumas pasados, conflictos sin resolver, carencias afectivas y muchas situaciones más.

¿Cómo se te ocurre pensar que es su responsabilidad hacerte feliz? ¡Aguas!, pues existe gran diferencia entre hablar desde la carencia y hablar desde la abundancia. Y lo dicho sobre encontrar a alguien que te hará feliz es expresado desde la carencia, como si dijeras:

"Tengo tan poca felicidad que ando en busca de quien me dé la felicidad que siempre he necesitado."

"Mis relaciones anteriores fracasaron pero ya encontré quién me rescate de todo lo sufrido."

"Siento que la vida no me ha recompensado como merezco, pero ya te encontré a ti y ahora sí voy a ser muy feliz."

¿Te das cuenta? Estas frases están dichas desde una lamentable carencia afectiva que puede repercutir el resto de tu vida, aguantándote con el amor que te den y soportando muestras de indiferencia, hastío y hasta malos tratos.

Gran diferencia existe cuando se expresa desde la abundancia:

"¡Ya encontré con quién compartir la felicidad que tengo!"

"Me siento tan pleno, que quiero compartirlo contigo."

Por supuesto, a veces una relación nos complementa, pero llegar a una relación con múltiples carencias y conflictos sin resolver, es incrementar las posibilidades de que esa relación vaya directo al fracaso.

Mientras no aprendamos a estar bien con nosotros en soledad, será muy difícil compartir la vida en pareja.

Y no creas que lo digo de puro pico, te contaré lo que me pasó hace muchos años...

"Ya supéralo, César Lozano", me dije una y otra vez cuando la Lupe, mi primera novia, terminó la relación de varios años conmigo.

"Mi mamá dice que no tienes futuro... que estás muy flaco y que no me vas a durar..." Ante lo cual pensé: "¿Pues qué me vas hacer?"

Y la Lupe arremetió: "Es que te falta mucho para terminar la carrera de medicina, además de tu año de servicio social y la especialidad y, pues, la verdad, yo ya no estoy como para esperar tantos años." Y para acabarla de amolar agregó: "Además, ni auto tienes, y de los novios de mi grupo de amigas todos tienen auto, menos tú."

"Pues sí, pero ¡ya pronto voy a comprar uno!", le dije porque quería convencerla de su error de terminar conmigo.

Pero ella siguió con sus argumentos sobre por qué era la mejor decisión terminar esta relación que significaba todo para mí.

Y ahí me tienes, rogándole para que no me dejara, le decía que por favor recapacitara, ¡que ni volviendo a nacer encontraría a alguien como yo!

Pero mis súplicas le entraban por un oído y le salían por el otro. Su actitud era una mezcla de lástima y soberbia, algo así como dardos directos a mi corazoncito.

Recuerdo ese día como si fuera ayer, incluso tengo muy clara la reacción de mi madre cuando llegué llorando a mi casa y le dije que María Guadalupe había terminado conmigo. Mi mamacita pacientemente me escuchó mientras lavaba los platos y yo llorando desconsolado por mi infortunio de amar a quien ya no me amaba.

Cuando terminé de decirle todas las razones por las que la Lupe llegó a esa conclusión, mi madre amorosamente me tocó el cabello y me dijo:

—Bueno, así es esto, no puedes obligar a nadie a que te quiera.

—¡Mamá, pero yo la amo y nadie la va a amar como yo!

—Pues sí, pero ni modo, así es esto.

—¡Pero, mamá!, ¡¿por qué no me entiendes?!

—Ya deja de llorar y tráeme un kilo de huevo y dos litros de leche.

—Pero, mamá, ¡me quiero morir!

—¡Al rato te mueres! Ahora tráeme la leche y el huevo, luego me ayudas a limpiar las ventanas y a cambiar aquellos focos. ¡Ah!, y después me acompañas a ver a tu abuela porque está enferma.

Mi madre siempre creyó que la mejor forma para calmar los males es ¡jalando! O mejor dicho, trabajando. Y así me trajo varios días, haciendo múltiples actividades para evitar que yo pensara una y otra vez en lo poco afortunado que era en el amor.

¿Pero de qué manera convencer al corazón? Mi mente me decía que la Lupe no me quería pero mi corazón se resistía a aceptarlo. Por más que quería convencerme de que no era ni el primero ni el último que vivía semejante dolor, no podía sobrellevar tan fuerte pena. Pero, efectivamente, el tiempo todo lo cura, siempre y cuando estés dispuesto a que suceda.

Te comento que la pregunta que más me formulan en mis redes sociales está relacionada con el tema: ¿Cómo superar el dolor inmenso de no sentirte amado por alguien a quien tanto amas?

Déjame decirte algo: no hay peor ciego que el que no quiere ver, y millones de hombres y mujeres se resisten a aceptar que simplemente no los aman como ellos aman y prefieren aceptar migajas de amor, dádivas de quien no se atreve a decirles que no los aman o su forma de amar es diferente. Incluso hay quienes demuestran que no sienten atracción por ti pero tienen tanto agradecimiento a tu persona que no quieren perderte.

O peor aún, quienes sufren las humillaciones de alguien que no los ama y ahí siguen como perro faldero soportando lo que jamás imaginaron aguantar por temor a perder a la persona que en algún momento les manifestó signos de amor.

Tristemente la infancia tiene mucho que ver en los casos de codependencia. La falta de cariño de un padre o una madre o los malos tratos entre los miembros de una familia pueden manifestarse en la edad adulta al permitir humillaciones y vejaciones debido a la necesidad de aceptación o simplemente porque lo vieron como algo normal en su niñez.

Evita que tus hijas e hijos sufran

Una y otra vez lo he dicho en programas de radio, televisión y conferencias: "Papás de niñas y adolescentes: ¿Desean que sus hijas no sufran malos tratos de hombres desconsiderados, machistas, prepotentes y otras monadas más? ¿Verdaderamente quieren ayudar a sus hijas a que sepan elegir al mejor? Trátenlas con tal cariño y respeto que cuando ellas crezcan estén totalmente convencidas de que ese trato es precisamente el que merecen."

Pero si la niña o adolescente recibe gritos, humillaciones constantes, signos de desconfianza y, para colmo, son testigos de malos tratos a la madre o al padre, te aseguro que 80% de ellas buscará a hombres o mujeres iguales con el afán de corregir lo que no pudieron en su infancia. ¡Zas! Así como lo lees, buscan un modelo similar al papá para corregir la falta de amor y cariño, y por supuesto la historia, tristemente, se repite.

A veces quisiera tener el poder de hacerle ver a la gente lo valiosa, única e irrepetible que es, pero no siempre lo logro. Hay miles de mujeres y hombres que sufren intensamente por no recibir el amor que desean, y al platicar con ellos detecto valores, principios, actitudes que los hacen ser personas dignas de sentirse amadas. ¿En qué momento te convences de que sólo esa persona es la indicada para amarte y ser amada? Pon atención a la siguiente frase:

"Si yo pudiera darte una cosa en la vida, me gustaría darte la capacidad de verte a través de mis ojos. Sólo entonces te darías cuenta de lo especial que eres para mí."

¡Es lo que deseo para ti, que lees este libro! Quisiera que te dieras cuenta de lo especial que eres, y que muchas veces sientes que no es así porque a una persona, ¡a una!, no le agradas como quisieras.

¿No te has dado cuenta de lo mucho que vales?

¿Te has olvidado de lo mucho que has logrado?

¿Ya pasó a la historia la cantidad de vidas que has tocado favorablemente?

O lo que les digo a las bellas mujeres que se acercan a mí en las firmas de libros y rápidamente me confiesan que están sufriendo por el abandono de sus parejas o los malos tratos de parte de quienes un día las amaron: "¿Hay espejos en tu casa?" Entonces me miran con cierta incredulidad ante mi pregunta, pero reitero: "¿Hay algún espejo en tu casa? ¿Ya te viste? Te pido que cuando llegues te veas para que valores la belleza que tienes pero la has olvidado por creer en la opinión de ¡una sola persona en el mundo! ¡Es cierto! Te pido que veas a través del espejo tu mirada y busques a esa niña que aún mora en ti, piensa si merece malos tratos o rogar (por no decir mendigar) amor a quien te demuestra de una y mil maneras que no le importas."

Recuerdo con mucho cariño una de las entrevistas que le hice al compositor e intérprete Facundo Cabral, que en paz descanse, en mi programa de radio *Por el placer de vivir*. Él me expresaba la gran admiración que le tenía a doña Sara, su madre. Una mujer sabia, según sus palabras, que en una ocasión lo sorprendió cuando, al llegar a su casa, la encontró caminando de un lado a otro, con notables signos de inquietud y ansiedad, y le preguntó:

—Facundo, ¿cuántos habitantes hay en el planeta Tierra?

—Muchos, madre. Muchos.

—¿Cuántos, Facundo? ¡Dime cuántos!

—¿Por qué esa pregunta?

—¡Tú sólo contéstame! ¿Cuántos, Facundo?

—Pues... como siete mil millones...

—¿Cuántos? —preguntó doña Sara con cara de asombro e incredulidad.

—Siete mil millones, madre.

—Siete mil millones —repetía la señora—. Siete mil millones...

—¿Por qué preguntas eso, mamá?

—Pues porque ahí está tu hermano, ¡llorándole a una sola persona!

Así estaba yo también, llorándole a una mujer de entre millones de mujeres que hay en el planeta.

Y ahí estás tú, ¡llorándole a uno o a una! Quien a veces ya ni caso te hace, o peor: nunca te peló. Sí, a ése que le lloras y que ya tiene su propia vida y tú queriendo estar en la vida de esa persona. Y ahí estás, llorándole a un hombre o a una mujer que trae sus propios conflictos, sus necesidades diferentes a las tuyas, sus prioridades entre las que, por lo visto, tú ya no estás.

La mayoría de la gente que deja de amar no tiene la valentía para expresar claramente lo que ha dejado de sentir. No expresa con la verdad lo que es necesario aclarar.

No hay dolor más grande que la incertidumbre, la apatía, los silencios interminables y las pocas acciones basadas en el amor y el respeto. El verdadero amor se basa en tres grandes pilares: respeto, confianza y signos de amor. Cuando falta uno o los tres, la relación no es sólida.

¿Cómo seguir amando a quien no te ama?

¿Por qué decides poner toda tu energía en quien no te quiere o no puede sentir lo mismo que tú sientes?

Es necesario abrir muy bien los sentidos para detectar los signos que indican que probablemente el amor ya no es tan fuerte como deseas:

1. Cambios notables en su manera de comportarse contigo. Claro que es natural que todos cambiemos, pero no por eso se justifican cambios estructurales como el cariño y el respeto. ¡Aguas si no es la misma persona cariñosa, detallista y respetuosa que conociste! Pero si siempre ha carecido de los adjetivos anteriores, ¿qué te hace creer que debería de ser mejor? Recuerda, quien se acostumbra a las pocas consideraciones, que no espere grandes milagros en el futuro.

2. Falta de diálogo, desde temas triviales hasta importantes. Cuando muere el diálogo, la relación morirá después irremediablemente. El signo más evidente: silencios interminables, esfuerzo tuyo por iniciar un tema de conversación y toparte con pared construida de apatía e indiferencia.

3. Mentiras frecuentes y constantes. Mentiras piadosas y no tan piadosas, incluyendo la respuesta a la pregunta inquisitiva que generalmente se presenta cuando la duda está presente: "¿Me quieres?" Y sólo se escucha una respuesta seca: "Claro que te quiero...", dicha con poca congruencia entre lo que se dice y lo que se siente.

4. Baja considerable en el nivel de tolerancia. Las diferencias que anteriormente se aguantaban, ahora son prácticamente insoportables. El nivel de tolerancia es un termómetro que indica cuán deteriorada puede estar una relación.

Recuerdo a una pareja de amigos durante sus primeros años de matrimonio. Él se reía porque ella no sabía cocinar absolutamente nada, el huevo se le quemaba, su arroz parecía engrudo y ni qué decir del cuidado de la ropa: él planchaba por temor a que su primor le quemara sus camisas costosas. En esos años todo esto era platicado con gran sentido del humor, sin embargo conforme pasó el tiempo, el peso de la responsabilidad en las labores de la casa recayó prácticamente en él; por más que le pedía a ella participación, no sólo no mejoró, empeoró al paso del tiempo.

Las limitaciones que antes sobrellevaba incluso divertido, ahora eran prácticamente insoportables. El nacimiento de un hijo empeoró aún más la situación y ahora están separados.

5. Disminución del contacto físico. En todas las variables posibles: disminución de abrazos, caricias o muestras visibles de amor o pasión. Es entendible que, con los años, las muestras de amor pasional disminuyan en algunas parejas, pero de eso a que exista una falta total de detalles en ese aspecto tan importante, por supuesto que habla de un deterioro en la relación.

6. Influencia de chismes, dimes y diretes. Mención aparte tiene este tema, muy importante para superar adversidades, pues si permites que los chismes se adueñen de tu voluntad, esto puede ser el inicio del fin.

No toda la gente que te rodea, incluyendo familiares, tiene buenas intenciones hacia ti. Poseen sus propios intereses y no siempre son los más saludables para tu relación. La gente puede envidiar a tal grado tu estabilidad que deseará destruirla, y si no estás en condiciones de aclarar inquietudes con tu pareja, desafortunadamente la confianza se verá afectada.

7. Detecta los signos tóxicos en una relación. Tóxico: producto nocivo para tu salud, y como la gran variedad de venenos, existen aquellos cuyo daño es lento pero mortal. Poco a poco, despacito, dañan tu salud, y en el caso de una pareja así, dañan tu valía, tu amor propio, tu autoestima y, sobre todo, tu maravillosa capacidad de amar.

Analiza si estás pasando por esto y contesta con sinceridad las siguientes preguntas:

- ¿Lo que empieza con un diálogo se convierte frecuentemente en discusión o pelea? Y lo más triste es que, conforme pasa el tiempo, son más los momentos donde la ira, el rencor o el resentimiento brillan más que el amor, al grado de sólo querer destrozar los argumentos del otro o de la otra.
- ¿Sientes que estás perdiendo la paz y la tranquilidad a su lado? En ese estado, son más los momentos de ansiedad que de armonía.

- ¿Te limitas al hablar de algunos temas por temor a su enojo? Cuidas tus palabras, limitas tus conversaciones, evitas mencionar nombres de personas o situaciones que sabes que le incomodan y, por lo tanto, sin duda, terminarán en una discusión o, peor, en el castigo de su silencio incómodo.

- ¿Tu pareja te pide que evites la compañía de ciertas personas? "No me gusta que te juntes con..." "Me molesta que venga..." "Me choca que te llame...", y agrega el nombre de la persona en cuestión. Incluso, intenta limitar tu relación con personas que han sido parte de tu vida, incluyendo miembros de tu familia, sin existir motivos que pongan en riesgo tu relación o tu integridad.

- ¿Has dejado de reír por temas que normalmente reías? Esa persona feliz que siempre has sido está apagándose poco a poco. Sientes que tu alegría natural se está esfumando debido a situaciones incómodas en tu relación. Por favor, ya supéralo, acepta que, aunque esa relación al principio estaba llena de momentos de amor, pasión, alegría y tranquilidad, ha cambiado por diferentes motivos. Ya no te hagas ilusiones con quien no desea luchar contigo por reconstruir la relación.

- ¿Valdrá la pena luchar por quien te ha prometido una y mil veces que ahora sí va a cambiar, pero sigue igual?

- ¿En serio vale la pena luchar por alguien que no tiene nada rescatable?

- ¿Son tantos los defectos que sobrepasan las escasas cualidades, aunque con infinito amor has querido hacerlas más brillantes?

- ¿Vale la pena luchar por quien defiende lo indefendible y no acepta sus errores?
- ¿Vale la pena desgastarte al detectar una y otra vez sus múltiples mentiras?
- ¿En serio crees que quien te ha maltratado una y otra vez cambia de la noche a la mañana?
- Si estás segura o seguro de que se le apareció Jesucristo y lo tocó con su inmenso y maravilloso amor, a lo mejor sí hay alguna posibilidad, pero si tienes tus dudas, ¿crees que vale la pena mantener la esperanza?

La única persona que puede tomar la decisión eres tú, así que ya supera esa necesidad de creer que sólo con esa persona puedes ser feliz. Si de verdad deseas superar el infortunio de amar a quien a leguas se le nota que no te ama, te recomiendo lo siguiente:

1. No permitas que nadie tome control absoluto de tu vida, tus gustos, tus amistades, tus aficiones. Quien verdaderamente te ama, te quiere como eres y respeta tu bagaje personal que cargas desde siempre. Si estás iniciando una relación, te sugiero que, ante los primeros signos de control excesivo, pongas un límite saludable recordándole que eres tú quien decide. Tristemente se confunden con amor excesivo los signos inminentes de control excesivo:

- No me deja juntarme con mis amistades, quiere estar siempre conmigo.

- Se enoja que vaya a donde siempre hago ejercicio porque me ve la gente y le dan celos.
- Una frase que repetidamente he escuchado en muchas parejas es "mi marido —o mi esposa— no me deja...", ¡sopas!

Claro que a quien le encanta que le demuestren su *excesivo* amor con el control es maravilloso que le digan cualquiera de las anteriores, pero para quienes amamos una relación donde reinan los acuerdos se convierte en algo prácticamente difícil de creer o de aceptar.

2. No permitas las mentiras frecuentes. Quien miente en lo pequeño e insignificante, puede mentir en lo importante y trascendente. Es increíble la cantidad de mujeres y hombres frustrados ante las múltiples mentiras que detectan en quien se supone que es la persona de más confianza y callan por miedo a perder lo poco que queda de esa relación basada en la desconfianza.

3. No permitas que nadie limite tus sueños. Es muy recomendable opinar sobre los sueños y anhelos de nuestra pareja, pero nunca impedir su crecimiento. Quien verdaderamente te ama procura tu crecimiento personal, espiritual y profesional.

4. No permitas que nadie pisotee tu dignidad, tus valores y los principios que te han regido toda la vida. Es tu esencia y nadie tiene derecho a dañarla o a hacerte sentir que estás a merced de las necesidades de quien dices amar. El fin nunca justifica los medios.

5. Jamás permitas maltratos físicos o psicológicos de nadie. El amor jamás se demuestra de esa forma. Tristemente, hoy en día, aún es un conflicto latente del que no se habla lo suficiente para resolverse, pero con estas acciones crece el odio desmedido por la pareja a la que en un principio se amaba sanamente. ¿En serio mereces eso?

6. No permitas más chantajes directos a tus emociones. Chantajes donde te conviertes en víctima en una relación que ya no toma decisiones sanas: "Si me dejas, me mato", "si te vas, te arrepentirás toda la vida", "si sigues juntándote con tus amistades o tu familia, me vas a perder", "síguele y dejo de darte dinero", "¡Te dejo en la calle!"

Háblalo con quienes te aman, denuncia en caso necesario, busca ayuda profesional, pero no permitas más vejaciones ni humillaciones. No mereces sufrir por un falso amor, porque el amor sano jamás se fundamenta con ninguno de los seis puntos anteriores.

¡Ya supéralo! ¡No más culto al sacrificio por un amor tóxico, irreal, que sólo existe en tus ojos! ¡El amor pasado es amor gastado! Quédate sólo con los bellos momentos, vendrán otros amores, otras ilusiones, es parte de la naturaleza humana, una ruptura amorosa nos da experiencia para enfrentar otras relaciones, volverás a levantarte, a mirar la mañana soleada, el amor se asoma a tu vida si tú lo permites y te convences de amarte y amar, es más, volver a enamorarte le da a tu aspecto un brillo especial, te ves con más energía y color, el doctor Hiromi Shinya, autor del bestseller *La enzima prodigiosa*, afirma en el tomo 2 de esa obra: "Cuando nos enamoramos, a la edad que sea, nos volvemos jóvenes y hermosos. Esto les ocurre tanto a los hombres como a las mujeres. Enamorarse es uno de los métodos más eficaces para rejuvenecer, puesto que hace que se incremente el poder de las enzimas." ¡Sopas! Entonces qué esperas para enamorarte de nuevo, una, dos, tres veces... las veces que sean con tal de amar con honestidad y con la idea de ser feliz y compartir tu alegría.

La tarea principal: amarte sobre todas las cosas y circunstancias

No tires por la borda los comentarios repetitivos que te hacen diferentes personas que te aman y buscan lo mejor para ti. Deja de creer que los cambios son mágicos y que algún día sucederá el milagro de que quien te maltrata te amará. Una relación sin respeto y con recriminaciones constantes no será jamás una relación sana.

Nadie, absolutamente nadie, va a amarte si primero no te amas tú.

Aunque se escuche trillado, es bueno que te repitas una y otra vez esta frase: "¡Valgo mucho, merezco mucho!" Valgo mucho por ser hijo(a) de Dios y porque nací para ser feliz, no para desgraciarme la vida con una persona que no me demuestra amor.

Basta de conservar la esperanza después de múltiples sinsabores. Una vez lo permití, la segunda vez lo soporté y la tercera vez lo sufrí, pero ya no más: ¡Valgo mucho, merezco mucho!

Decido valorarme y poner un alto definitivo a los signos de malos tratos, limitaciones, mentiras y chantajes.

Decido superar y aceptar que no me aman como yo amo. ¡Imposible obligar a alguien a que me ame! ¡Imposible exigir un amor que no sienten!

Decido aceptar lo que estoy viviendo. La aceptación ante lo que no puedo cambiar o no está en mis manos modificar siempre será una actitud amorosa, y todo lo que está basado en el amor se fortalece al paso del tiempo; esto es un maravilloso paso de algo que la mente desea y algo que el corazón necesita para sanar más rápidamente. Ésta es mi realidad, y ante tal escenario, si esa persona que amo tanto no tiene la mínima intención de cambiar, tengo sólo tres opciones: ¡Me adapto, me amargo o me voy (o se va, según sea el caso)!

Decido lo que es mejor para mí, al final del día cuento especialmente conmigo, y mi alma necesita tranquilidad que, estoy seguro, sólo yo me puedo proporcionar. Desde hoy dejo de creer y de afirmar que alguien me dará, o está obligado a darme, la felicidad, pues está en mí, y si estoy en una relación de pareja, que esa relación sea desde la abundancia, no desde la carencia.

Y por último, decido agregar hábitos que pueden modificar mi realidad para convertirme en una persona irresistiblemente encantadora. ¡Zas!

Deseo que pongas en movimiento estos siete hábitos que harán de ti alguien que atraiga irremediablemente el amor a tu vida, en todas sus manifestaciones.

1. Recuerda nombres

Ya empecé mal (lo digo por mí), pues debo aceptar que es algo en lo que estoy trabajando. El sonido más melodioso que podemos escuchar es nuestro propio nombre. Tengo que reconocer que olvido fácilmente los nombres de quienes se acuerdan perfectamente del mío, pero lo estoy trabajando, ya que sería terrible sólo aceptarlo pero no hacer nada al respecto. Y estoy mejorando, sobre todo cuando intento grabármelos o cuando utilizo estrategias que me han enseñado para no olvidarlos, como la asociación de sus caras con alguien o con algo.

2. Procura ser prudente

No digas todo lo que sabes ni todo lo que piensas. Éste es un hábito sujeto siempre a mejorar, ya que depende de una decisión y de práctica constante. No tienes por qué ser tan sincero o sincera al extremo de decir tantas verdades que lastiman.

3. Sé paciente

¡Un don que te acerca irremediablemente a la santidad! No todos tienen la agilidad, la destreza y la inteligencia que tú. Paciencia al actuar, sobre todo con quienes sabes que lo necesitan. Bendita paciencia que hace que vivamos más años con calidad y el amor de quienes nos rodean. Existen dos poderosas razones que indican por qué nos desesperan algunas personas: la primera, porque son quienes más carencias tienen de ciertas actitudes, educación, fortalezas o destrezas que tú tienes y ellos no. La segunda, te demuestran algo que te falta o que deseas y, por lo tanto, te desesperas por esa carencia que difícilmente aceptas, pero es real. ¡Ups! ¿Así o más claro?

4. Haz preguntas

Procura escuchar más a los demás, incluye preguntas que hagan sentir importantes a los otros. Cuestionamientos que demuestran un interés real por la vida de quien me escucha, pues la gran cantidad de personas que nos rodean tienen una historia que contar y una necesidad inmensa de ser escuchadas. Preguntas que motiven el diálogo sin exagerar, al grado de sentir que más que un diálogo cordial es un interrogatorio.

5. No hagas juicios precipitados

Evita los juicios mentales o verbales que te alejan de las personas a quienes van dirigidos y de quienes te rodean. La réplica de quienes escuchan a un juez inquisidor sería: si así enjuicia a todos, ¿cómo será conmigo?

6. Adáptate fácilmente

No siempre estaremos con la mejor gente y en las mejores circunstancias. Quien procura adaptarse siempre será bienvenido y agradable a los ojos de los demás.

La adaptación te libera del perfeccionismo irrisorio de creer que todo debe ser o estar como tú lo deseas. Adaptarse no es conformarse, es saber con qué cuento verdaderamente en el presente y hacer de ese momento algo especial.

7. No busques llamar la atención

Esas ganas de hablar y sentirte el centro de atención pueden ser contraproducentes; matas tu toque de misterio y los deseos de conocerte más.

"Lo poco agrada y lo mucho enfada", dice el refrán, así que procura hacerte presente, mas no omnipresente.

Si por alguna razón aceptas que has amado a quien no lo merecía, o que tu amor no ha sido valorado como deseas, haz los cambios que creas necesarios para agradar a quienes te rodean pero, sobre todo, hazlos por ti y para ti. Cuando te conviertes en la mejor versión de ti, te amas, te procuras, te valoras y te vuelves un imán que atrae lo bueno y lo mejor a tu vida. Allá va una de mis frases matonas que más impacto ha tenido:

"Si no te aman como mereces, ¿no será que mereces algo mejor?"

Lo mejor no es buscar a otra persona, sino amarte de tal manera que encuentres la felicidad en tu interior, así tu luz espiritual atraerá siempre a tu vida a las mejores personas.

¿Así o más claro?

En conclusión:

1. Vivir aferrado a quien no quiere estar contigo es dejarle la puerta abierta al dolor; lo peor es que tú alimentas el padecimiento si mantienes tu malsana obsesión de esperar a alguien que ya te bateó para siempre. ¡Sopas!

2. Cuando te dan un adiós definitivo es inútil exigir una explicación o pasarte las horas buscando dónde estuvo la falla. Si te dicen adiós, entiéndelo, pídele a quien tú creas: Dios, el universo o el poder superior, fortaleza y entendimiento; con tu pena o sin ella la vida sigue, enfrenta el dolor y, aunque al principio no lo creas, debes decir: "Algo mejor vendrá para mí", te aseguro que si conviertes esta oración en un mantra, ¡funciona!

3. No hay peor ciego que el que no quiere ver. Si ese hombre que te engañó o esa mujer se fue con quien jamás te imaginaste, olvídate de las razones y los porqués; lo que te hicieron fue una canallada, no hay más, ¿o qué?, ¿todavía quieres justificar las accio-

nes del otro o de la otra por si cambia de opinión y decide regresar contigo?

4. Hay rupturas que duelen hasta el alma y quien las padece cree que jamás aliviará su pena. No te digo que eso no es cierto, puede sentirse así. Pero también te digo que te concentres en tu duelo, llora lo que tengas que llorar, maldice lo que tengas que maldecir y, lo más importante: protege al ser humano más noble y sincero que llora esa pérdida: ¡Tú! Dile a ese ser humano que lo entiendes, que lo amas como a nadie y que siempre habrá un mañana con otra oportunidad para ser feliz.

5. Sé muy bien lo que duele amar intensamente a alguien que dijo amarnos y ni siquiera nos quiso, libérate, dile adiós a ese sentimiento que sólo te atormenta, decidir así te permitirá entender que la ruptura y el deshacerte de emociones negativas fue y será siempre lo mejor. Puedes acercarte a mi libro *¡Despierta!... Que la vida sigue*, allí encontrarás valiosas reflexiones para fortalecer tu espíritu.

6

YA SUPÉRALO: LA PERFECCIÓN NO ES PARTE DE TI

¿Perfección? ¡En qué planeta la venden!

"Por más que puse mi mejor esfuerzo, no salió como quería."

"Increíble que no se hayan fijado en mí, cuando fui el mejor."

"¡No reaccionan! Les digo que hagan las cosas de una manera y no me entienden!"

"Hago hasta lo imposible para que mi familia tenga lo mejor y no veo que valoren todo mi esfuerzo."

Queremos ser aceptados, valorados y hasta admirados por el gran esfuerzo que hacemos y ponemos, pero no siempre es así. La búsqueda incansable de la perfección es demasiado desgastante, muy diferente a la búsqueda del mejor esfuerzo, lo cual no significa lo mismo.

Marisol desde adolescente soñaba con su boda. Era una joven enamorada del amor y desde antes de conocer a su ahora esposo imaginaba que el día de su boda sería de ensueño. Asistía a cuanta boda la invitaban y analizaba cada detalle, cada error, al tiempo que juraba que jamás cometería semejante falta cuando llegara el momento de su enlace.

Tuvo un noviazgo maravilloso que culminó con tan esperado momento, el día de su boda. Un año y medio de preparativos minuciosos para evitar el mínimo error, deseando fervientemente que tan importante evento saliera tal y como lo había pensado. La boda perfecta.

Todo fue así, igual o mejor que lo que deseaba, pero hubo un pequeño inconveniente, algo no planeado, una tormenta en la ciudad donde ella vivía. Esto ocasionó que movieran las mesas, sillas y demás por las múltiples goteras que jamás imaginaron existirían en tan majestuoso recinto.

El llanto de la novia era lo que más llamaba la atención de los presentes, por más que la consolaban con la creencia (bastante trillada, por cierto) de que la lluvia es señal de buena suerte en una boda, argumento que francamente fue tal vez inventado por la madre de alguna novia desconsolada o a punto del suicidio por una tormenta similar.

La lección que esto nos deja es que las cosas se planean, se previenen, se visualizan y se realizan; pero es bueno tener en mente que siempre existirá la posibilidad de que surja algún infortunio.

No busques perfección, ¡busca bienestar!

Presentarme en numerosos teatros y auditorios de tantos países ha tenido sus grandes obstáculos que, por supuesto, no estaban planeados. Desde una tarima a punto de quebrarse, hasta un apagón durante una conferencia para 3 000 personas, quienes, ante lo imprevisto, chiflaban y gritaban pues no veían ni escuchaban nada y habían pagado su boleto.

Ni cómo olvidar el calor intenso que sentí durante una presentación donde el aire acondicionado dejó de funcionar y el bochorno debido a la elevada temperatura fue tal, que estuve a punto de desmayarme en dos ocasiones. El público, con signos de fastidio, se abanicaba con lo que podía. A mí me contrataron para ofrecer un mensaje de superación y compartir técnicas de desarrollo humano que les sirvieran para toda su vida. Pero en ese momento sólo me preguntaba: "¿Qué hago? ¿Cancelo? ¡Imposible! El show debe continuar...", y así fue. Quedé empapado, deshidratado, exhausto, pero hice mi mejor esfuerzo. ¿Perfecto? ¡Para nada! Digamos que muy lejano a lo que podría considerarse aceptable, pero, a final de cuentas, el público generoso lo agradeció.

Pasé por una adversidad que no dependía de mí, pero puse el doble o triple de esfuerzo para superarla y salir del problema. ¿A cuántas situaciones te habrás enfrentado en tu vida donde deseabas que todo saliera perfecto y no fue así? Hasta para elaborar un platillo con la intención de que salga perfecto puede haber contratiempos: tal vez la cantidad de los ingredientes no fue la correcta, faltó tiempo para su preparación, no era de la mejor calidad algún condimento... y ¿qué haces? ¿Lo vuelves a elaborar? ¡No! Buscas nivelar su sabor o textura con otros ingredientes o modificando su nivel de cocción.

¿A qué voy con todo esto? A que debes buscar siempre opciones para enfrentar la adversidad, hay cosas que son responsabilidad tuya y las enfrentas, pero en otras ni siquiera tienes vela en el entierro y debes afrontar el conflicto. No te lamentes porque las cosas no salieron perfectas como lo deseabas, ocúpate en mejorar, en intentarlo otra vez y aprender de las caídas y los imprevistos.

Mención aparte merecen las mujeres que desean ser perfectas.

Inicio con la cuestionable y falsa creencia de lo que es la belleza. El convencimiento de que una mujer bella debe ser delgada, o extremadamente delgada, con un tipo de cabello específico, uñas, pestañas y piel con determinada textura que ven en las revistas de modelos delicadas que, olvidamos, son mujeres que viven de eso y, por lo tanto, su trabajo consiste precisamente en mantenerse en forma y conservar lo que para ellas es su idea de belleza. Y ahora súmales a estos ideales de belleza la aparición en redes sociales de *influencers* que te presentan (según sus criterios, te gusten o no) una y mil formas para lucir espectacular, con ropa, accesorios, ejercicios, dietas, cremas y maquillajes de moda, que con tanta insistencia te dicen que no puedes ni debes privarte.

Reitero, son personas que viven de eso y muchas mujeres y hombres desean adoptar un estilo de vida que para la mayoría es prácticamente imposible. Cada quien presenta en redes sociales su mejor cara, su mejor lado y muchas celebridades presentan una vida perfecta donde "sobra" el amor, la diversión y la belleza.

Recordé el caso de una pareja de conocidos. Ella es adicta a las redes sociales, sigue a múltiples celebridades que admira y también le encanta subir cientos de fotos a sus redes de los lujosos restaurantes que frecuenta, los fines de semana de ensueño con su pareja donde destilan amor y pasión en sus miradas y abrazos, los viajes inolvidables que realizan y los momentos que desean que todos sus amigos y seguidores envidien.

Platicando con el marido, le dije lo afortunado que era por tanto amor que se tienen y por todo lo que publican. "¿Amor? —me dijo con cara de asombro—, ¡no sabes lo enfadoso que es eso! Todo lo quiere publicar":

"¡Sonríe, Bernardo!"

"Esa foto no me gustó…"

"¡Toma otra!"

"Ahora una selfie…"

"Esa tampoco…"

"¡Esa menos!"

"Le falta luz…"

"¡Me veo gorda!"

"Toma otra…"

"Te ves raro…"

"¡Sonríe más! ¡Parece que estás enojado!"

"Ahora mírame a mí, ¡pero mírame con más amor!, no así…"

"Ahora volteamos los dos como que no sabíamos que nos estaban fotografiando…"

"Ahora pondré el texto: *con mi amorcito, comiendo bien rico y disfrutando un fin de semana lleno de amores.*"

Después de escuchar todo eso y acabar mareado por las exigencias de "tantísimo amor" me di cuenta de que lo que más faltaba era amor, paciencia y tolerancia del esposo para soportar esa falsa imagen proyectada en tantas fotografías e historias de Instagram.

Una vida de ensueño inexistente, creada en la mente de ella para demostrar lo que no hay, lo que no existe, comprada por quienes la ven, pero no conocen los detalles.

No está de más decir que su esposo al principio siguió el juego y ahora está prácticamente harto, situación que a ella parece tenerla sin cuidado.

¿Cuánta gente conoces así?, que demuestra una vida perfecta pero oculta (como todos) detalles que no desea revelar de su relación.

Que quede claro, no sólo hablo de celebridades, sino de amigos o conocidos que comparten contigo y que desean a toda costa demostrar lo inexistente.

Y ni para qué ahondar en el tema de las mujeres u hombres posesivos que se enojan si sus parejas no les escriben cosas bonitas en sus redes sociales los días que consideran importantes o trascendentes:

"Querida Chiquis: hoy cumplimos un año más de inmensa felicidad, gracias por tanto amor que me das, gracias por tenerte a mi lado y, sobre todo, ¡gracias por ser tú!"

"¡Pero qué mensaje tan corto! —le gritó la Chiquis a mi amigo Mauricio—. ¡No puedo creer que después de las más de 300 palabras que yo te puse en la mañana tú escribas sólo *eso* en nuestro aniversario! ¡No, no me merezco eso...! ¡Mejor escribe que ya no te importo! ¡Mejor pon ahí que ya no me quieres! Si verdaderamente sientes algo por mí, escribe un texto más largo y mucho más amoroso. ¡Ése bórralo!"

Y yo digo: ¿Así o más naca? ¿Así o más insegura?

¿No sería mejor que se lo dijeran verbalmente?, viéndola a los ojos, sin necesidad de convencer a todos los que los conocen del inmenso amor que se profesan.

Lo peor del caso es que la gente compra la idea de que la perfección en pareja es algo que también debería de tener.

Madres de familia desgastadas, exhaustas, frustradas por no lograr lo que para ellas es la familia perfecta, los hijos maravillosos y el matrimonio ejemplar.

Se creen la falsa teoría de que la mamá siempre debe estar dispuesta y de buena gana para atender las necesidades de sus hijos y del marido. "¡Porque nunca debes de descuidar a tu marido!", le dijo su mamá cuando se casó, y ahora la sensación de culpabilidad, asociada con la de no lograr la perfección matrimonial, por constatar que sus hijos no son, ni por asomo, los mejores, le causa una gran frustración.

A mí, como papá, también me sucedió. Debo confesar que agradezco diariamente a Dios la familia que me dio. Pero en el fondo de mi corazón siempre tuve la sensación de no ser el papá que mis hijos merecen, por la gran cantidad de viajes que hago relacionados con mi trabajo que tanto amo.

Los viajes no fueron tan intensos cuando mis hijos eran pequeños, de lo contrario, me imagino que el proceso hubiera sido mucho más difícil. Las giras iniciaron tiempo después y no faltaron los "amigos" que, en su afán de ayudarme o redimirme, intentaron "abrirme los ojos y el entendimiento" para que no viajara y les dedicara más tiempo a mi esposa e hijos. Pero lo decían con tal seguridad, como si ellos me fueran a mantener o a dar un trabajo igual de apasionante como el que tengo, pero sin necesidad de viajar.

"Ahora debo dedicarles tiempo de calidad", me repetía una y otra vez cada que llegaba de un viaje; quería ser el papá perfecto que ellos merecían, salir con ellos aunque estuviera muerto de cansancio. Agradezco tanto a la esposa que tengo la comprensión que siempre ha manifestado y por buscar primero mi descanso, que es invaluable; pero las ganas de estar con mi familia, aunadas a un toque de culpa, me hacían sentir en el alma una carga difícil de explicar. Reconozco que de vez en cuando reaparece la sensación de querer ser el papá perfecto, pero la frustración siempre viene después.

Igual me ocurrió cuando incursioné en la faceta de conductor de un programa de televisión nacional semanal, con duración de una hora, que se pactó originalmente como grabado. Se firmó el contrato así, pero conforme transcurrieron las semanas se me pidió que fuera en vivo, todos los sábados a las dos de la tarde y con un ensayo previo de dos horas. O sea, llegar desde el viernes y regresar el sábado ya tarde o el domingo, todo esto además de las conferencias pactadas entre semana en diferentes ciudades.

Mi día de descanso familiar, de esparcimiento, ¡sería sustituido por un día de transmisión en la Ciudad de México!

Mi afán por hacer las cosas mejor (y si fuera posible un programa perfecto), por una transmisión televisiva más fresca y en vivo, me hizo decidir que sí lo haría, consciente del sacrificio que conlleva. Me repetía una y otra vez: "¡Lo bueno cuesta! ¡El triunfo va unido al sacrificio! ¡Se te está dando una gran oportunidad y no puedes rechazarla, César!" Me repetía frases motivadoras: "¡Yo puedo, yo quiero y voy a lograrlo!" "¡Vamos a modificar hábitos alimentarios en México!" "¡Vamos a dejar huella!"

Reconozco que disfruté mucho esa faceta como conductor, aprendí demasiado de mi bella compañera de conducción, de los colaboradores y del excelente equipo de producción, consciente, insisto, siempre del estrés natural que una transmisión en vivo genera, pero me di cuenta de que por más que me esforcé no era ni fue el programa perfecto, ni en vivo ni grabado.

No me arrepentiré jamás de haberlo hecho por todo el aprendizaje y las maravillosas vivencias, pero reconozco que dije un sí en pro de buscar siempre lo perfecto y lo mejor.

Durante ese tiempo el programa *Hoy*, donde participo como colaborador desde hace poco más de siete años hasta la fecha en la que escribo este libro, me pidió un día más de participación. Una frecuencia que era semanal se convirtió en dos veces por semana, lo cual era sumamente desgastante por mi trabajo como conferencista y conductor de un programa de radio.

Recuerdo que me encontraba sumamente angustiado por tantas responsabilidades que me estaba echando a cuestas y un día que invité a comer a mi querida amiga, cantante, actriz y conductora de televisión Susana Zabaleta, le platiqué de mi situación; ella me escuchaba pacientemente, con una mirada serena, y cuando terminé de contarle mi martirio, me dijo:

—César, diles que no.

—¡Susana, si digo eso, me echan fuera!

—Bueno, pues que te echen. ¡Ni modo!

—Lo dices muy fácil —expresé.

—¡Mira cómo estás, todo ansioso, estresado por querer decir sí y ser el hombre perfecto en lo que haces!

Nunca olvidaré las palabras que me dijo y que hasta la fecha sigo utilizando:

—Diles así: "Esto es lo que hay. Yo puedo hacer esto nada más, no puedo hacer esto ni esto."

"Esto es lo que hay." Bendita frase que me ha acompañado los últimos años en mi apasionante trabajo. Cuando las empresas me piden más de lo que puedo otorgar, cuando el cansancio me impide cumplir con todo el mundo, cuando mis amigos o conocidos me bendicen con una invitación para vernos y el cansancio no me da para más, simplemente digo, quisiera verlos pero no puedo.

"Esto es lo que hay", digo o me digo cuando quiero ser perfecto y no lo logro.

Thomas Curran, psicólogo social especializado en el perfeccionismo, expresó: "La perfección, por definición, es un objetivo imposible, y eso es lo primero que debe decirse." Curran es además autor principal de un estudio publicado en la revista *Psychological Bulletin*, en el que menciona, entre otras cosas, que el deseo de ser perfecto en cuerpo, mente y profesión ha aumentado en las últimas décadas; mientras realizaba el estudio encontró poca evidencia de que quien busca el perfeccionismo tenga más éxito, por el contrario, los perfeccionistas se sienten descontentos, insatisfechos, con la sensación de que nunca son suficientemente perfectos. La búsqueda de la perfección no siempre impulsa a la persona a la grandeza. En cambio, puede tener un efecto perjudicial en su salud mental, por ejemplo: depresión, ansiedad, anorexia, bulimia y pensamientos suicidas.

En su libro *El aprendizaje de la imperfección*, el psicólogo Tal Ben-Shahar menciona: "Abandonando la perfección conseguirás aceptar lo que la vida te ofrece y obtener el mejor partido."

Todo tiene su tiempo y su momento. Vida sólo hay una y de nosotros depende si la convertimos en tragedia o en una aventura digna de disfrutarse.

En pro de ese afán de querer tener más, de ser aceptados, de ser valorados, de ser admirados, no tomamos en cuenta el precio emocional y físico que cualquier sacrificio o exigencia, fuera de las contemplados, conlleva. Vale la pena hacer el mejor esfuerzo pero nunca poner tu vida de por medio.

Y si estás decidido a asumir nuevos retos, porque la adrenalina es lo tuyo, porque te gustan los desafíos o por el solo hecho de salir de tu zona de confort, tal vez sea bueno pensar en enfrentar algún "estrés de retos", como lo llaman Elizabeth Blackburn, científica eminente, Premio Nobel de Medicina 2009, y Elissa Epel, investigadora en terapia cognitiva y manejo del estrés en la Universidad de California, en su maravilloso libro *La solución de los telómeros*, en donde no sólo plantean de forma sencilla los resultados de numerosas investigaciones con el fin de que las personas vivan más sanas, más años y más felices, sino que también afirman: "Para perseguir un sueño quizá necesitemos estirarnos y salir de la zona de confort. Situaciones nuevas pueden ponernos ansiosos, pero si las evitamos nos perdemos oportunidades para crecer y desarrollarnos. El estrés positivo para ti puede ser algo que siempre has querido intentar pero que te da miedo o te pone nervioso." Te proponen pensar en algo estimulante, emocionante, que esté dentro de tu realidad y deseas lograr, después te señalan que elijas una meta pequeña para empezar, algo inmediato pero real y poco a poco te pongas metas para lograr esa aventura, te sugieren practicar afirmaciones positivas y hacer evaluaciones que te recuerden "que el estrés de retos es positivo".

Los anhelos de Nasrudin

Te pido que pongas atención en esta historia:

Hacía mucho tiempo que Nasrudin y su amigo no se veían, así que cuando por fin se reencontraron y disfrutaban el momento, mientras tomaban un té hablaron de lo divino y de lo humano, y rememoraron cómo habían transcurrido sus vidas. Omar le contó que era muy feliz con su mujer, que le había dado tres hijos maravillosos. Como Nasrudin no explicaba nada sobre su estado civil, su buen amigo le preguntó: "Entonces, ¿nunca te has planteado casarte?" Tras permanecer un rato callado, le confesó:

"En mi juventud decidí buscar a la mujer perfecta que tenía en mi mente. Crucé las dunas del desierto, llegué a Damasco y allí conocí a una muchacha muy religiosa y de gran belleza, pero que no tenía ningún interés por las cosas de este mundo. Tiempo después, atraído por los jardines del palacio de Chehel Sotún, encaminé mis pasos a otra gran ciudad, Isfahan. Paseando, encontré a una mujer que conocía lo material y lo espiritual, pero desgraciadamente no era bonita. Entonces viajé a El Cairo, allí, uno de mis mejores clientes me invitó a cenar en su casa, donde conocí a una mujer preciosa, religiosa y conocedora de todo lo terrenal."

"¿Y te casaste con ella?", preguntó ilusionado Omar. A lo que Nasrudin respondió: "Ay, compañero, lamentablemente ella también soñaba con un hombre perfecto."

Por tanto buscar a esa mujer perfecta, el personaje de esta historia terminó solo, después de perder numerosas oportunidades de conocer a otra mujer que fuera "buena" para él. Muchas veces "lo perfecto puede ser enemigo de lo bueno".

Buen momento para cuestionarnos: ¿Cuál es el precio que vas a pagar? ¿Te arriesgarás a disfrutar de la vida sólo por buscar la perfección?

En mi programa de radio *Por el placer de vivir* entrevisté a Julio Bevione, autor argentino de 11 libros. Me compartió algo que me ha servido mucho para evitar esas ganas inmensas de controlar todo. Me dijo: "Elige la reverencia a la elegancia."

Al igual que tú en este momento, no entendí el concepto, pero la explicación es simple.

No se refiere a reverencias como las hemos visto, por ejemplo las que hacen los japoneses ante personas de alto rango, o el saludo *Namasté*, o la que harías ante una figura que podrías considerar de autoridad.

Reverencia es reconocer que no todo está bajo nuestro control. Dejo que Dios, la vida o el universo hagan su parte, pues hay cosas que no dependen de mí.

Está en mí buscar trabajo, pero eso no garantiza que lo consiga.

Está en mí amar a mi esposa, pero eso no garantiza que ella me ame con la misma intensidad que yo.

Está en mí amar a mis hijos y darles lo que considero es lo mejor para ellos, pero eso no garantiza que sean personas de bien.

Está en mí poner mi mayor esfuerzo pero no el resultado final.

Reverencia es incluir a Dios en mi vida.

Saber que hay cosas que no dependen de mí, pero sin la exageración en la que muchos caen: "Todo está en manos de Dios", mientras adoptan una actitud de espera sin esfuerzo.

Por lo tanto, hago lo mejor que puedo y elijo ser reverente con todo lo que me rodea.

¿Qué aprendí durante ese tiempo que quise ser perfecto? Si, como yo, te has desgastado queriendo hacer las cosas sin errores y siempre perfectas, te pido que leas en voz alta las siguientes afirmaciones:

- La perfección sólo es Dios. Soy humano y por lo tanto imperfecto por naturaleza.
- Procuro poner mi mayor esfuerzo en todo lo que hago, en mi familia, mis estudios y mi trabajo, pero nunca olvidándome de mí.
- Estoy atento a todas las oportunidades de mejora que se me presenten, sin descuidar lo que considero verdaderamente importante para mí y lo que realmente me apasiona.
- Me enfoco en mis fortalezas, no en mis debilidades. Sé claramente para qué soy bueno y lo aplico en beneficio propio y de los demás.

• Cuando me sienta con la obligación de dar más de lo que puedo, diré: "Esto es lo que hay." Lo tomo o lo dejo.

Cuando decides complacer de manera irracional te enfermas, te agotas y te friegas, dejas el tiempo de calidad que merece tu familia y te vuelves una máquina de corajes, bilis y estrés, sólo reflexiona: ¿Eso es vivir? ¿Vale la pena ahogarte en el acelere?

En conclusión:

1. La perfección no existe, ya lo he dicho muchas veces, nadie tiene la última palabra, y quien sea tan necio de querer imponer su punto de vista descalificando a los demás, se condena a terminar sus días solo y miserable. ¡Sopas!

2. Busca opciones para enfrentar la adversidad. Trata de dar siempre la mejor versión de ti, mantén tu espíritu entusiasta, y si no lo tienes, desde este momento puedes modificar algunos hábitos y ser más positivo, disfruta lo bueno que te rodea y agradece que tienes trabajo, familia, ¡que tienes vida! El que busca, encuentra; siempre habrá alternativas para enfrentar los momentos de incertidumbre.

3. Te presento por vez primera las "tres P" para resolver conflictos:

   - **Presencia**. Si tienes algún problema no evadas tu realidad, hazte presente y sé responsable de tus actos.
   - **Prudencia**. No culpes ni juzgues con el hígado, no descalifiques ni acuses, reflexiona, mantén la calma, sé prudente y asertivo.
   - **Paciencia**. Ya pensaste en lo difícil que se presenta la situación, te has responsabilizado de lo que te toca, ahora deja que la paciencia organice tus ideas, sin duda con más calma, paciencia y reflexión las soluciones surgirán poco a poco. Presencia, prudencia, paciencia, las tres P para salir adelante.

4. Todos los días me digo ante el espejo: "No soy perfecto. Debo escuchar a los demás y aprender de ellos. Soy capaz de dar mi punto de vista sin hacer menos a nadie, debo aprender a convivir y ser atento con quienes me rodean."

5. Valórate, no permitas que los demás quieran exprimirte u obligarte a obedecer necedades. Aléjate de quien se sienta perfecto y se la pasa dando órdenes con gritos y groserías. Los seres humanos somos totalmente imperfectos y quien piense lo contrario, ¡pobre!, no sabe que es ahí donde empieza la imperfección, no aceptando nuestros errores.

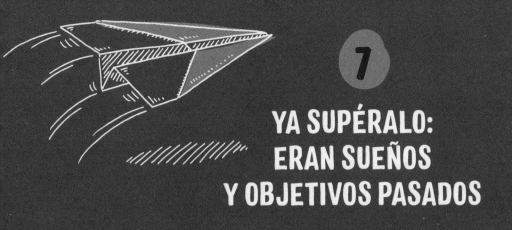

YA SUPÉRALO: ERAN SUEÑOS Y OBJETIVOS PASADOS

No vivas del pasado

"Tanto he querido comprar una casa como ésa y hasta la fecha no he podido..."

"Siempre quise viajar a ese país y por lo visto no viajaré jamás..."

"Nunca tuve el matrimonio que soñé..."

"Tanto desear una familia unida y mira..."

"Desde niño quise ser médico pero no fue posible..."

"¡Bailarina! —dijo mi amiga Alicia—; siempre quise serlo, pero a esta edad ya no es posible..."

Sueños frustrados, objetivos no realizados, historias inconclusas, momentos esperados y no vividos, digamos que esto es parte de la vida. No todo lo planeado se logra por diferentes motivos.

Mi padre siempre me dijo: "Tú, César, vas a ser cirquero", desde mi infancia tengo gran afición a los circos, y desde temprana edad pedía (o mejor dicho, suplicaba) que me llevaran al circo; la verdad, me llevaban de muy mala gana porque, según mi papá, mi terquedad era tremenda, pero yo disfrutaba mucho el espectáculo.

A los cinco años le pedí a Santa Claus una carpa, ¡pero igual a la del Circo Atayde!, el más grande de América. Obvio, no me trajo una así y me conformé con una carpa de campamento ¡para cuatro personas! La verdad yo soñaba con una para 400, con todo y foquitos en la parte superior.

Aunque no fue así, no me desanimaba y le pedía a mi hermana Magda y a una de sus amiguitas que fueran parte del *show*, que generalmente terminaba porque mis hermanos mayores rompían las cuerdas que sostenían la carpa y ésta quedaba sostenida por las cabezas de los "actores", ante mi berrinche por la poca importancia que le daban a mi espectáculo y las carcajadas de mis hermanos.

Mi padre y la vida me convencieron de que eso no tenía futuro. Así que el sueño fue desechado. En el fondo deseaba entretener o ayudar a la gente. "¡Sí! Mejor ayudar a la gente, y la única profesión que lo puede hacer es la de doctor. Voy a ser doctor", me dije por primera vez a los ocho años.

Durante la primaria fui a muchos programas de entretenimiento que hacían en la televisión y permitían la entrada al público, situación que me apasionaba, pues me encantaba ver lo que sucedía antes de los programas y durante los comerciales. Me emocionaba ver los rostros en persona de las figuras de la televisión, saludar a los payasos Cepillín y Pipo. Ver las cámaras y lo pequeños que eran los foros que yo creía inmensos. Era de verdad apasionante el mundo de la televisión. Un día le dije a mi amigo Yul Roger, que me acompañaba a esos programas: "Cuando sea grande voy a salir en la televisión" "¿No que vas a ser doctor?", me preguntó. "Pues sí, pero un doctor que salga en televisión."

Cuando entré a la secundaria me enseñaron a tener sueños y luchar por ellos, a buscar mis ideales y ver la forma de lograrlos sin límites, "pues los límites los tienes en tu mente", me dijo un profesor. Y puse en mi mente un nuevo anhelo aún más ferviente: ser un gran médico que ayudara a la gente y ser el director del hospital metropolitano, recién construido por el gobierno de mi estado para ayudar a los más desprotegidos.

Y ahí me tienes, como los caballos a los que les ponen anteojeras para que no vean a los lados. Mis sueños estaban escritos en mi mente con tinta imborrable, y cuando la vida me abría una puerta que no tenía nada que ver con lo planeado, inmediatamente la invalidaba.

Sin embargo, amaba también el teatro y el *backstage*, me encantaba saludar a los actores, siempre con la consigna de ver qué había detrás de los telones y la escenografía.

Las señales de que la vida, el destino o Dios me tenían deparado otro camino siempre estuvieron presentes. Tuve invitaciones a participar como actor, productor o director de obras de teatro a beneficio de la iglesia a la que asistía, las cuales acepté gustoso varias veces, fui invitado a ser catequista de cientos de niños que prácticamente iban a ver un espectáculo con la palabra de Dios. También hice obras de teatro para los niños, me disfrazaba de payaso, realizábamos teatro guiñol y muchas otras actividades artísticas donde podía demostrar al mundo que el temor para hablar en público podía vencerse.

"Pero qué bien hablas y qué divertido eres en las representaciones que haces para los niños —me decía un cura—, deberías dedicarte a eso." "Claro que no —contestaba en forma automática—, yo voy a ser doctor."

Y así cumplí mi sueño tan anhelado: ser médico cirujano partero, profesión que ejercí gustosamente durante 20 años; al mismo tiempo impartía cursos de primeros auxilios o de lo que fuera a quienes acudían a mis programas de salud en la institución donde trabajaba. Tomaba seminarios de actitud y calidad en el servicio y enseñaba todo lo que aprendía a los empleados donde trabajaba como director médico y, posteriormente, director general.

Las puertas seguían abriéndose, y no sólo para mi actividad como médico, me invitaban a dar conferencias, cursos, talleres y a participar en programas de televisión...

Corto la historia para venir al presente, me he convertido en conferencista, conductor de radio y televisión; escritor de, hasta el momento, ocho libros que se han convertido en bestsellers, y éste que estás leyendo, que deseo tenga tanto éxito como los anteriores.

Como te conté, después de 20 años dejé de ejercer la medicina del cuerpo para practicar la medicina del alma y ¿sabes qué? ¡Es la mejor decisión que he tomado! Amo lo que hago, disfruto inmensamente mi vida y creo que puedo ayudar mucho más con lo que actualmente realizo que con mi profesión de médico.

Sé que fueron muchos años de estudios, desvelos, guardias nocturnas que se me hacían interminables... pero la verdad no me arrepiento, estoy seguro de que si volviera a nacer, volvería a estudiar medicina, ya que gracias a la ciencia creo que tengo la sensibilidad de entender el sufrimiento humano. Me convenzo de que si no fuera médico no hubiera logrado ni la cuarta parte de lo que he hecho.

¡Ya supera esos sueños deseados y no cumplidos!

No sé si debería de afirmar lo siguiente pero ahí va: creo que todos nacemos con una misión específica, y está en nosotros descubrirla. No hay misión insignificante, si lo deseamos podremos convertirla en grandiosa. El alma siempre nos envía señales para que reaccionemos y reconsideremos el rumbo, y esas señales pueden ser dolores físicos, enfermedades o la sensación de no sentirnos plenos con lo que realizamos. El alma busca siempre que cumplamos con esa misión que hace vibrar nuestro cuerpo de emoción.

Probablemente alguien o algo ha marcado nuestra vida, incluso una decisión precipitada sin medir los pros y contras, o simplemente el instinto te lleva a realizar alguna actividad que deseas en ese momento, pero, al paso del tiempo, descubres que no te apasiona. Descubres que se requiere más vocación de la que tienes y puedes entrar en cierto estado de frustración, una señal que, nuevamente, envía nuestra alma.

Según investigaciones recientes, cuando mucho 20% de la gente realiza un trabajo o actividad que le apasiona, ¡sopas! Imagínate lo que esto significa: estamos rodeados de gente que si no tiene suficiente capacidad para adaptarse, vive en un estado constante de enojo o frustración.

A eso agrégale la gran cantidad de hombres y mujeres que descubrieron que se casaron con la persona equivocada y prefieren convencerse, una y otra vez, de que eso es lo que les tocó y ni modo.

Cuando le cambias el rumbo de vida a alguien

¿Sabes cuántos jóvenes deciden cambiar de carrera profesional por no sentir que era lo que realmente querían? O

¿cuántos ejercemos una profesión diferente a la que estudiamos?

Aproximadamente 46% de los universitarios se cambia de carrera, según un estudio realizado por la UPN, y otro estudio realizado por *El Economista* revela que dos de cada tres jóvenes no ejercen lo que estudiaron.

Quienes somos papás tenemos o sentimos la obligación de ser guías de nuestros hijos, evitando a toda costa el sufrimiento que pueden tener por tomar decisiones que creemos que son incorrectas.

A fin de cuentas, ¿quién tiene la razón?

Probablemente te has enfrentado a la necesidad de tomar decisiones por alguien que amas con la consigna de creer que es "por su bien".

Mi hijo César, quien siempre ha sido un estudiante ejemplar, con las mejores calificaciones en primaria, secundaria y preparatoria, decidió estudiar la carrera de médico cirujano, igual que su papá. Sin embargo, desde mucho tiempo atrás yo veía que su pasión era diferente: amaba los automóviles y pasaba horas leyendo revistas de autos del presente y del futuro.

Se le iluminaba el rostro cuando hablaba sobre los mejores autos del mundo, los tipos de motores, características de sus interiores, rendimiento y demás. No obstante, él quería ser médico como su papá.

Entró a la Facultad de Medicina y yo no le veía el mismo entusiasmo cuando hablaba de enfermedades como cuando hablaba de los autos, incluyendo su ambición por tener uno o dos automóviles deportivos, además de su enorme deseo de conocer muchos países y tener un estilo de vida algo distante a lo que es la bendición y el sacrificio de ser médico entregado a su profesión. Sin embargo, tenía calificaciones aceptables pero su semblante no era el mismo.

Yo veía cierta infelicidad en sus acciones. Horas y horas estudiando con gusto pero sin pasión; así trascurrieron tres años, hasta que un día hice lo que no sé si fue lo correcto: busqué el momento para hablar con él, solos, sobre su futuro. Después de cierta renuencia al expresar respuestas escuetas, le pedí que sinceramente me contestara si lo que estaba estudiando lo llenaba, y me respondió algo que me dejó impactado: "No sé si sea lo que realmente quiero, pero voy a terminar la carrera y luego pondré como *negocio* mi clínica y me dedicaré a los autos y a viajar, además de tener una casa grande".

En ese tipo de momentos es cuando pienso en lo importante que es no imponer tu voluntad ante lo que sientes que es una mala decisión. Fue cuando más agradecí todo lo que aprendí en mi formación como *life coach*, pues apliqué la principal estrategia para que la gente tome las mejores decisiones: hacer preguntas inteligentes a quien tiene la necesidad de decidir, sus respuestas lo llevarán a entender lo que realmente es mejor.

—Changuito —así le digo a mi hijito—, ¿se requiere ser médico para ser dueño de una clínica?

—No —me contestó seriamente.

—¿Un médico dedicado cien por ciento a su profesión puede tener tiempo suficiente para viajar por todo el mundo?

—Pues sí, pero no siempre —me respondió.

—¿Cuántos años y horas de trabajo tienen que pasar para llevar una vida como la deseas?

—Muchos años —dijo seriamente.

—Si tuvieras mucho dinero y no tuvieras necesidad de ganarlo trabajando, ¿qué actividad estarías dispuesto a hacer? ¿Te gustaría dedicarte a consultar y operar pacientes?

—No —me dijo inmediatamente, y después de un largo silencio contestó—: Me gustaría más vender autos, tener mi propia agencia de autos o tener un lugar en donde podría manejar la estética automotriz.

¡Zas!

—Y entonces, ¿qué haces estudiando medicina?

—¡Yo quiero ser como tú, papá!

—Pues sí, pero tu papá ya no ejerce la medicina del cuerpo. Ejerzo algo a lo que le podría llamar medicina del alma. Disfruté el tiempo que la ejercí pero la vida me fue llevando poco a poco a otra actividad que realmente me apasiona. Lo más importante es hacer lo que realmente te gusta porque trabajar en algo que no te llena te lleva irremediablemente a la frustración e infelicidad.

Después de un largo e incómodo silencio, me dijo:

—Papi, pero qué va a decir la gente si decido cambiarme de carrera.

—¿La gente? ¿Qué gente? —expresé—. La gente que realmente te quiere se alegrará con tu decisión al constatar que haces lo que te dicta tu corazón. La gente que no te conozca podrá decir lo que le dé su regalada gana, lo importante es lo que tú deseas. Esa gente no va a mantenerte ni a ayudarte en nada. Así que toma la decisión que creas conveniente.

Esa misma noche decidió dejar la medicina, no sin antes prepararse para el examen de embriología que tenía al día siguiente. Se puso a estudiar casi toda la noche y en la mañana siguiente fue a presentar su examen sacando una calificación de 90. ¡Ups! Eso me hizo pensar en si estaba yo haciendo lo correcto o no ante un estudiante con buenas calificaciones pero que no disfrutaba esa profesión.

No obstante el 90 que tuvo de calificación, decidió estudiar otra carrera y trabajar. Estudia comercio internacional por las noches y durante el día trabaja vendiendo automóviles eléctricos e híbridos de la marca BMW, lo cual disfruta inmensamente.

Te confieso que durante varios meses estuve con la incertidumbre de si lo que hice fue lo correcto: truncar un objetivo para guiarlo a otro. Prefiero creer que sí, pero debo reconocer que me hubiera sentido mejor si él solo hubiera iniciado su propio proceso para tomar la decisión que creyera correcta.

Conozco varios médicos que el día de su graduación desearon dedicarse a otra actividad y prácticamente nunca ejercieron. No me hubiera gustado que mi hijito llegara a esos niveles para tomar la decisión después de seis o siete años de estudios.

Es bueno conocer a la gente que amamos y saber cuáles son sus verdaderas motivaciones. A fin de cuentas todos, en un momento determinado, nos convertimos en guías que modifican de alguna manera la vida de los demás, especialmente la vida de quienes más amamos.

La gente debe de tomar sus propias decisiones, pero la excepción hace la regla: cuando es gente que amamos y percibimos que está en un camino equivocado, es nuestra responsabilidad formularle preguntas inteligentes que le ayuden a enfrentarse a una realidad que no quiere ver, evitando a toda costa imponer nuestra voluntad.

Muchos evitan tomar decisiones por el miedo, el qué dirán o por la incomodidad de dejar algo a lo que ya se están acostumbrando. Nunca es tarde para hacer lo que realmente deseas y te apasiona. ¿No es así?

Si te identificas con la incapacidad de no cumplir tu sueño tan anhelado, espero que las siguientes recomendaciones te ayuden en algo:

¿Estás a tiempo?

Analiza si de verdad es o no es tiempo de hacer lo que realmente deseas.

Beethoven escribió parte de su repertorio totalmente sordo. El pintor holandés Vincent Van Gogh empezó a pintar cerca de los 40 años. El gran poeta español Vicente Aleixandre pasó muchos años de su vida enfermo y postrado en cama, eso no le impidió escribir una obra grandiosa y exaltada. El artista Rembrandt experimentó con el uso del color y las sombras hasta los últimos días de su vida... y así puedo seguir con más historias en las que sus protagonistas jamás abandonaron su sueño, sin importar la edad ni las condiciones en las que vivían.

Tristemente, miles de jóvenes prefieren terminar su carrera profesional cuando a la mitad de la misma descubren que no es lo que realmente deseaban. Imagina la cantidad de adultos que, por miedo a dar el paso más importante de su vida, prefieren el conformismo de hacer siempre lo mismo, sin arriesgarse ni buscar algo nuevo. Analiza, ¿qué puedo perder? Pero también ¿qué puedo ganar?

Siempre es mejor afirmar que lo intentaste, a quedarte toda la vida deseando algo que nunca supiste si podrías o no conseguir. Deja de ser espectador y conviértete en actor principal de la película de tu vida, pero toma en cuenta los argumentos que describo a continuación.

¿Qué estás dispuesto a hacer y a dejar de hacer?

Una cosa es el sueño deseado con base en aptitudes y otra cosa los sueños que caen en la categoría de muy poco probables por carecer completamente de posibilidades, aptitudes y recursos para lograrlos. El deseo de ser jugador profesional a una edad ¡en la que se retiran! es algo muy poco probable, por no decir imposible.

Ser actor, actriz, cantante, sin estar dispuesto a enfrentar las penurias que pasa la mayoría de quienes lo han logrado. Siempre soñaste con ser piloto de grandes aviones, ¡pero a una edad poco probable de ser aceptado! O como mucha gente que se me acerca con el sueño de publicar libros, pero jamás ha escrito nada, y es más, me pide asesoría sobre qué tema escribir o a quién dictarle su maravillosa idea.

Ante cualquier sueño, es bueno tomarse una dosis de *ubicatex* para analizar pros y contras. Qué riesgos hay y qué beneficios obtendré, qué debo sacrificar y hasta qué punto estoy dispuesto a arriesgar en pro de un sueño pasado.

No te conviertas en víctima eterna

Si el saldo de posibilidades es totalmente en contra, no te conviertas en el resentido por los sueños deseados y no cumplidos. Tal vez no serás el cantante al que escuchen multitudes pero seguro podrás amenizar las reuniones y ser el alma de las fiestas.

Mi hermano Antonio amaba los aviones; de niño siempre dijo que sería piloto aviador y probablemente las condiciones no fueron favorables para que lo lograra, pero él aún disfruta los simuladores de vuelo que ha adquirido al paso del tiempo.

Mi madre siempre quiso ser una gran enfermera; tuvo estudios de enfermería básica, se casó y nunca logró ejercer, pero amaba ver series médicas, aplicar inyecciones, realizar curaciones y, sobre todo, disfrutaba ir a mi consultorio médico; antes de que entraran los pacientes platicaba con ellos y realizaba un diagnóstico, debo aceptar que generalmente acertaba.

Ahora piensa, tal vez no se abrió esa puerta donde se encontraba tu sueño, pero se abrieron otras que te han permitido vivir experiencias y ser ahora quien eres. Decide: ¿Te adaptas? ¿Te amargas? ¿O te vas a intentar cumplirlos?

Desarrolla tu capacidad de adaptación

Si después de un análisis a conciencia sientes que verdaderamente deben considerarse sueños pasados, supéralo haciendo una lista de todo lo bueno que tienes, lo que has logrado, lo que has disfrutado. Es precisamente en estos casos donde la lista de bendiciones hace milagros. Buen momento para realizarla y concluir que tu vida ha sido diferente a lo soñado o planeado, pero ha tenido sus matices que la han hecho una existencia con enormes bendiciones, alegrías y sorpresas que debes agradecer todos los días.

Acepta tus decisiones

Así como lo lees. En su momento tú tomaste la decisión de estudiar o no estudiar, de trabajar o no en lo que te gusta o te disgusta. Elegiste, y esa decisión te ha llevado a donde estás en este momento. No hay nada peor que la lamentación y buscar culpables de tus desgracias: "No estudié porque no estuve en la universidad que quise." "No estudié lo que quería porque mis padres no aceptaron." "No terminé lo que deseaba por carecer de dinero para lograrlo." No se pudo (o no quisiste) y de nada sirve la lamentación.

Te recuerdo: 90% de lo que nos sucede es por algo que directa o indirectamente decidimos, así que también tú decidiste involucrarte con esa persona de la que hoy te quejas, decidiste dedicarte a una actividad en pro de un beneficio que en ese momento consideraste adecuado, decidiste el rumbo que tomaba tu vida y aceptarlo es tomar las riendas y la responsabilidad de tu vida.

¡Ya supéralo, intenta ser feliz con lo que tengas y lo que obtengas! ¡Así o más claro!

Lo importante es vivir con intensidad cada momento, y si por algún motivo sientes que tus actividades no tienen nada que ver con lo que antes soñabas, tienes tres opciones: te adaptas, te amargas o te vas.

La magia de Robin S. Sharma

Te voy a compartir una historia que leí del maravilloso libro *El monje que vendió su Ferrari*, de Robin S. Sharma, se llama "Pedro y el hilo mágico".

Pedro era un niño muy vivaracho. Todos lo querían: su familia, sus amigos y sus maestros. Pero tenía una debilidad. ¿Cuál? Era incapaz de vivir el momento. No había aprendido a disfrutar el proceso de la vida. Cuando estaba en el colegio, soñaba con estar jugando afuera. Cuando estaba jugando, soñaba con las vacaciones de verano. Pedro estaba todo el día soñando, sin tomarse el tiempo de saborear los momentos especiales de su vida cotidiana.

Una mañana Pedro estaba caminando por un bosque cercano a su casa. Después de un rato decidió sentarse a descansar en un trecho de hierba y al poco tiempo se quedó dormido. Tras unos minutos de sueño profundo, oyó a alguien gritar su nombre con voz aguda.

Al abrir los ojos se sorprendió de ver a una mujer de pie, a su lado. Debía de tener quizá 100 años y sus cabellos blancos como la nieve caían sobre su espalda como una apelmazada manta de lana. En la arrugada mano de la mujer había una pequeña pelota mágica con un agujero en su centro, del agujero colgaba un largo hilo de oro.

La anciana le dijo: "Pedro, éste es el hilo de tu vida. Si tiras un poco de él, una hora pasará en cuestión de segundos. Y si tiras con todas tus fuerzas, pasarán meses o incluso años en cuestión de días." Pedro estaba muy excitado por este descubrimiento. "¿Puedo quedarme con la pelota?", preguntó. La anciana se la entregó.

Al día siguiente, en clase, Pedro se sentía inquieto y aburrido. De pronto recordó su nuevo juguete. Al tirar un poco del hilo dorado se encontró en su casa jugando en el jardín. Consciente del poder del hilo mágico, se cansó enseguida de ser un colegial y quiso ser adolescente, pensando en la excitación que esa parte de su vida traería consigo. Así que tiró una vez más del hilo dorado.

De pronto ya era un adolescente y tenía una bonita amiga llamada Elisa. Pero Pedro no estaba contento. No había aprendido a disfrutar el presente y a explorar las maravillas de cada etapa de su vida. Así que sacó la pelota y volvió a tirar del hilo; muchos años pasaron en un solo instante. Ahora se vio transformado en un hombre adulto. Elisa era su esposa y Pedro estaba rodeado de hijos. Pero Pedro reparó en otra cosa, su pelo, antes negro como el carbón, había empezado a encanecer y su madre, a la que tanto quería, se había vuelto anciana y frágil. Pero él seguía sin vivir el momento. Así que una vez más tiró del hilo mágico y esperó a que se produjeran cambios.

Pedro comprobó que ahora tenía 90 años. Su pelo negro se había vuelto blanco y su bella esposa, anciana también, había muerto unos años atrás. Sus hijos se habían hecho mayores e iniciaron sus propias vidas lejos de casa. Por primera vez, Pedro comprendió que no supo disfrutar las maravillas de la existencia. Había pasado por la vida a toda prisa, sin pararse a ver todo lo bueno que había en el camino.

Pedro se puso muy triste y decidió ir al bosque donde solía pasear de muchacho para aclarar sus ideas y templar su espíritu. Al adentrarse en el bosque advirtió que los arbolitos de su niñez se habían convertido en robles imponentes. El bosque mismo era ya un paraíso natural. Se tumbó en un trecho de hierba y se durmió profundamente.

Al cabo de un minuto oyó una voz que le llamaba. Alzó los ojos y vio que se trataba nada menos que de la anciana que muchos años atrás le había regalado el hilo mágico. "¿Has disfrutado de mi regalo?", preguntó ella. Pedro no vaciló al responder: "Al principio fue divertido pero ahora odio esa pelota. La vida me ha pasado sin que me enterase, sin disfrutarla. Claro que hubo momentos tristes y momentos estupendos, pero no tuve oportunidad de experimentar ninguno de los dos. Me siento vacío. Me he perdido el don de la vida." "Eres un desagradecido, pero igual te concederé un último deseo", dijo la anciana. Pedro pensó unos instantes y respondió: "Quisiera volver a ser un niño y vivir otra vez la vida." Dicho esto se quedó dormido otra vez.

Pedro volvió a oír una voz que lo llamaba y abrió los ojos. "¿Quién podrá ser ahora?", se preguntó. Grande fue su sorpresa cuando vio a su madre de pie, a su lado. Tenía un aspecto juvenil, saludable y radiante. Pedro comprendió que la extraña mujer del bosque le había concedido el deseo de volver a su niñez.

Pedro saltó de la cama al momento y empezó a vivir la vida tal como había esperado. Conoció muchos momentos buenos, muchas alegrías y triunfos, pero todo empezó cuando tomó la decisión de no sacrificar el presente por el futuro y empezar a vivir en el ahora.

¿Te gustó la historia? Sin duda no sólo es un bello cuento, es una gran lección de vida, una invitación a estar en el presente, a disfrutar lo que tenemos y luchar por nuestros ideales.

La vida transcurre demasiado rápido como para estar lamentándonos por lo que ha pasado o debió pasar. Vive lo que tengas que vivir, toma las decisiones que creas convenientes y, sobre todo, ¡sé feliz!

En conclusión:

1. No todo lo planeado se logra. En la vida las cosas no siempre salen como uno quisiera. ¿Conoces la "Oración de la serenidad"? Es sabiduría pura: "Señor, concédeme serenidad para aceptar las cosas que no puedo cambiar, valor para cambiar las que sí puedo, y sabiduría para distinguir la diferencia."

2. Atiende las señales del destino. Haz caso a tus intuiciones y no sólo a las voces del pasado que te atormentan. No dejes de soñar, de buscar, disfruta tu presente, si te caes, levántate, arriésgate, algo nuevo está por venir o por descubrir.

3. El alma te envía señales para que reacciones y superes las inquietudes que te produce el hecho de no haber logrado lo que querías. Reconsidera las cosas,

modifica tus pensamientos para bien, no te detengas en el *por qué*, busca el *cómo* para lograr tus propósitos: ¡Avanza!

4. Tus deseos no son ni deben ser los deseos de los demás. No obligues a tus seres queridos a hacer lo que tú no pudiste hacer. Tú eliges tus sueños, los demás tienen los suyos, ¿así o más claro?

5. Cambia de pensamientos si el pasado te persigue. Concluyo con una frase matona: "¡Lo que no hiciste no existe, a lamentarse al panteón!" ¡Zas!

8

YA SUPÉRALO: TU IMAGINACIÓN DESTRUCTIVA

¿Ley de la atracción?
No: ¡Poder de la imaginación!

Bendita memoria que nos permite recordar los maravillosos momentos vividos, bendita imaginación que nos permite adornarlos o crear escenarios de fantástica alegría.

Maravilloso es el don que tenemos de imaginar lo que deseamos con tal nitidez que vemos, oímos y sentimos como si fuera real.

Terrible don cuando es utilizado en tu contra o en contra de los demás.

Imaginar debería de ser siempre en positivo para poner en movimiento a la tan nombrada ley de la atracción, que afirma: para que lo bueno y lo mejor llegue a nuestra vida hay que imaginarlo, de tal forma como si en realidad estuviera sucediendo. Esto es, percibir las mismas emociones y sentimientos de lo que tanto anhelo con una firme convicción.

Quiero manifestarte que es real. Que desde antes de conocer la ley de la atracción la puse en movimiento en varios momentos de mi vida y te aseguro que funciona, siempre y cuando agregues a tus pensamientos el sentimiento y la fe de lo que es lo mejor para tu vida.

¿Te ha pasado que estás en busca de un auto de una determinada marca y de pronto empiezas a ver esa clase de auto por todas partes?

¿O cuando alguien que amas está embarazada y ahora ves embarazadas por todas partes?

¿Estás en busca de una casa nueva y te encuentras avisos de casas en venta o renta mucho más seguido que antes?

No es que de repente haya más autos iguales al que deseas, ni que haya más embarazos o casas en venta o renta; significa que hay un filtro en la mente que se llama *sistema reticular activo*, y hace que te enfoques en lo que más deseas o necesitas.

Este sistema reticular nos deja ver lo que es importante para nosotros. En otras palabras, no vemos el mundo como es, vemos el mundo como creemos que es. Por lo tanto, si siempre te quejas y dices una y otra vez que la vida es injusta y no te da lo que mereces, tal vez las oportunidades estén pasando frente a ti constantemente, pero tú las bloqueas por tantas frases negativas que dices.

Por lo anterior, es necesario programar bien nuestra mente, y la mejor forma para hacerlo es el diálogo interno, eso que nos decimos en silencio mientras manejamos o cuando estamos en aparente inactividad.

Si constantemente dices "no puedo", "esto es imposible", "nunca encontraré lo que tanto deseo", "nadie me quiere", el filtro que tenemos en la mente llamado sistema reticular activo hará todo lo posible para convencerte de que verdaderamente no puedes o no lograrás lo que se supone que deseas.

Esto es similar a quienes luchan incansablemente por aprobar exámenes estudiando durante muchas horas, pero en lo más profundo de su mente piensan que no lograrán una buena calificación, que les irá mal, ¿qué sucede? Cuando llegan al examen su mente está en blanco. No pueden creer que después de tantas horas de estudio éstas sean literalmente tiradas a la basura, pues se convencen de que no podrán hacer las cosas bien.

Buen momento para recordar que, generalmente, tenemos la misma o mayor capacidad de quienes nos rodean, pero hay quienes sí creen que lograrán lo que se proponen y hay quienes no lo creen.

Imagina cosas y escenarios positivos

Quiero seguir en este apartado con una frase de Brian Tracy: "Nunca digas ni pienses nada sobre ti que no quieras que se haga realidad."

Desde que era adolescente yo le agradecía a Dios que ya había nacido la mujer de la que me iba a enamorar y la que sería la madre de mis dos hijos; siempre dije que tendría dos, no más.

Desde que era estudiante soñaba con trabajar con luces; creí que de quirófanos o salas de curación o emergencias, ¡y así fue! Ahora las luces son parte de mi trabajo en teatros, centros de convenciones, radio y televisión. Se me cumplió ese anhelo tan fuerte que tenía.

Soñaba despierto y visualizaba que podía mejorar de alguna manera la vida de la gente y nuevamente se hizo realidad.

La ley de la atracción no es mágica, ni mucho menos sin esfuerzo, como tratan de venderte todo tipo de productos en la televisión: "¡Baja de talla sin esfuerzo, comiendo lo que te gusta, en poco tiempo, sin ejercicio!" Ándale pues. ¡Sí, cómo no!

Tú, en este momento, puedes imaginar lo que tanto anhelas, teniendo en mente tu realidad, las fortalezas que estás dispuesto a explotar al máximo, las destrezas que tienes que mejorar, la pasión que sientes por lograrlo, el tiempo que estás dispuesto a dedicar y, sobre todo, creerlo con firmeza, para activar el sistema reticular a tu favor.

Reitero, la ley de la atracción no es mágica, pues como todo lo bueno de la vida, requiere esfuerzo y no sólo la intención y la imaginación.

Así como es bueno imaginar con el esfuerzo necesario para que las cosas sucedan, hoy también es un buen momento para comprobar cómo la imaginación utilizada en forma negativa puede dañarte de tal forma que vivas en un estado constante de ansiedad, incluso llegar a la obsesión y a cierto grado de locura.

¿Cuántas veces has imaginado lo que nunca fue o jamás sucedió?

Tu mente creativa fue utilizada por decisión propia, por tu voluntad absoluta, pero de una forma absurda, haciéndote creer lo que no existe o lo que no sucede.

Es como cuando dices una mentira cien veces, ¡terminas por creértela y percibirla como una verdad! Algo que imaginas obsesivamente puedes convertirlo en parte de tu realidad y dañar profundamente tu vida y la vida de quienes involuntariamente están inmersos en esa película diseñada maquiavélicamente por tu imaginación.

Si por algo te ocurre que tu imaginación se desborda, ¡aguas! Vive tu presente, concéntrate y acomódate del lado de la sensatez y la razón. Por favor, ¡ya supera esa locura de creer que el mundo gira tu alrededor, que todos confabulan contra ti y que todos están al pendiente de tu opinión y de tus actos!

Tristemente lo he vivido, tanto como creador de historias en mi mente, así como víctima de historias de los otros. Escenas de una película que primero fue imaginada y luego vivida con tal nitidez que termina uno por creer que eso sucede o sucedería; situaciones que jamás fueron reales y de alguna forma afectaron y trastocaron mi entusiasmo, mi alegría y la opinión que tenía de otras personas.

Recuerda que la imaginación puede crear escenas fabulosas y muy bellas, cuando sea así utiliza los adornos que tú quieras, consciente de que sólo estás creando un cuento, un pasaje fantástico. Ten mucho cuidado si dejas que tu imaginación elabore escenarios de dolor y angustia, eso no, mantén tu decisión de no permitirlo.

La mejor forma para identificar tu nivel de felicidad actual es preguntarte cómo te sientes en este momento. ¿Motivado, feliz, entusiasta, esperanzado o indiferente, triste, melancólico, ansioso, temeroso, preocupado, enojado o decepcionado?

Tu estado actual es consecuencia de lo vivido y lo pensado.

Los pensamientos positivos o negativos siempre provocan sentimientos, y esos sentimientos frecuentes influyen en la calidad de tus pensamientos. ¡Imagínate la repercusión que esto tiene en nuestro estado de felicidad!

Tenemos al día más de 80 000 pensamientos, la mayoría de ellos repetitivos ¡y muchos negativos!

Nada más reflexiona: vamos caminando o manejando y vamos pensando una y mil cosas, algunas reales, otras imaginarias.

Formulamos diálogos con personas que en ese momento no están con nosotros y quizá ya hasta murieron. Imaginamos los porqués de las actitudes, palabras o reacciones de personas que te hirieron o de quienes te hicieron sentir feliz, agregando como siempre tu dosis de imaginación, para bien o para mal.

"Es que estoy seguro de que nunca me ha querido..." "Lo dijo por hacerme sentir mal..." "Increíble que no tenga corazón..." "Después de todo lo que he hecho, mira cómo me trata..." "Llegando me va a preguntar dónde andaba y, como siempre, no me va a creer..." "Sólo lo hace por fregarme..." "¿Dice que lo hace por mi bien? ¡Sí, cómo no!" "Estoy seguro de que se juntan para hablar mal de mí..." "¡Se confabularon todos en mi contra!"

¿Qué tipo de sentimientos causan tales pensamientos? Te aseguro que para nada tienen que ver con tu estabilidad emocional y mucho menos te aportan energía para lograr lo que deseas.

Son pensamientos destructivos, imaginados y fortalecidos sólo por ti, que luego platicas a quienes crees que serán cómplices de tus historias desgastantes y aterradoras.

¿No crees que ya es momento de poner un freno a tu imaginación desmedida? ¿No crees que ya fueron muchos los daños ocasionados por tus pensamientos infundados?

Vida sólo hay una, pero te has encargado de amargarla y destruirla poco a poco, día a día, minuto a minuto, llenándote de incertidumbre y ansiedad.

Deja de creerte psíquico o psíquica que adivina el futuro con tal nitidez y exactitud que prácticamente dejas que las cosas se den como deben de suceder, de la forma más natural, y si no es así tuerces y retuerces los hechos para creer en tus "augurios". Olvídalo. Te anticipas a tal grado que impides el desarrollo natural de las situaciones. Te comparto esta historia:

Esther, amiga desde hace muchos años, siempre ha deseado tener a alguien con quien compartir su vida y, por diversas razones, especialmente por su imaginación desmedida, ninguna de sus relaciones amorosas ha prosperado al grado de llegar al tan soñado altar.

Hace dos años conoció a un hombre que, dicho por ella, es el más maravilloso que jamás ha conocido. Trabajador, bien parecido, servicial, detallista, pero con un miedo enorme al compromiso formal, debido a relaciones pasadas en las cuales sufrió de codependencia. Lo que empezó como una gran amistad con vías a convertirse en un gran amor, Esther y su mágica imaginación lo echaron por la borda, eliminaron cualquier posibilidad de que la relación prosperara.

"Esther, ¡no apresures las cosas! Tienes cuatro meses de conocerlo y ya quieres que se comprometa contigo."

"Esther, el hombre viene de varias relaciones complicadas, deja que te conozca más y sienta ganas de volver a verte."

"¡Date a extrañar, querida Esther!"

"No le llames a cada momento, deja de preguntarle qué siente por ti, deja de atosigarlo con la cantaleta de que buscas algo serio en tu vida."

Esther y su pésima imaginación hicieron de manera inconsciente hasta lo imposible por alejarlo y que huyera despavorido, al utilizar frases como "probablemente no soy suficiente para ti", "lo más seguro es que no quieres nada serio", "estoy segura de que sigue viendo a su ex" y otras suposiciones más que desgastaron el intento de relación y a la sufrida Esther, quien vio cómo se desvanecía su séptimo intento de encontrar al amor de su vida.

Me pregunto cuántas relaciones habrán terminado por lo mismo. Hombres y mujeres celosos, posesivos, que ven lo que no existe, que por suposiciones y una imaginación desmedida terminan por desgastar y hartar a sus parejas al grado de que éstas no quieran saber más de ellos.

Ten cuidado, no confundas tu sexto sentido con la realidad.

Imposible afirmar que el sexto sentido siempre tiene razón. Si hago un recuento de las ocasiones en que, según yo, mi sexto sentido me decía algo, me doy cuenta de que no siempre fue verdad, que en ocasiones mi imaginación me hizo una mala jugada haciéndome creer lo que no era.

Bendito sentido que me dice "por ahí no es", pero siempre con la consigna de comprobar, corroborar y, sobre todo, preguntar, analizando respuestas y cotejando información: ¡No confundas tu sentido de alerta con la realidad!

El llamado sexto sentido tiende a deteriorarse con la preocupación, la ansiedad, la ociosidad y la información que entra por tus sentidos.

Quien hace de la preocupación y su consecuente ansiedad un hábito, tiende a imaginar lo que no sucede y, sobre todo, a atraer lo que no desea. La mente es un imán poderoso que atrae lo que más piensas y sientes.

¿Por qué la ociosidad? Porque la llamada madre de todos los males hace que la mente esté receptiva a cualquier tipo de situación que la ponga en alerta. Una mente ocupada y productiva tiene menos tiempo de pensar en supuestos que generalmente van en su contra.

Mención aparte está el decir que nos convertimos en lo que consumimos, y desafortunadamente quien consume un sinfín de telenovelas, series basadas en la violencia, en el miedo y otras porquerías que la televisión produce, tiende a imaginar situaciones similares que ocurren en su vida.

El león no es como lo pintan

Para comprobar que no siempre las corazonadas son ciertas, te cuento lo siguiente:

"Algo me dice que esta persona no es de fiar...", me dije en una ocasión, en relación con una persona que deseaba realizar una serie de eventos conmigo en varias ciudades de Estados Unidos. Y todo por su sequedad al hablar, su físico que, digamos, no era para nada el prototipo de promotor exitoso, además de su forma tan parca para negociar.

Me aventuré a realizar el primer evento y, una vez más, comprobé que las apariencias engañan y que hacer prejuicios con tan poca información es sumamente peligroso. Este hombre trabaja conmigo desde hace más de cinco años y se ha convertido no sólo en un exitoso promotor de mis eventos, sino en un gran amigo.

Con el paso de los años y las experiencias vividas, creo que hay tres tipos de personas que deben tener cuidado de su "sexto sentido":

Quienes acostumbran hablar y/o juzgar las acciones de los demás. Seres que generalmente señalan a los demás con su dedo, ensalivado de supuestos valores y virtudes (de los que generalmente carecen), condenando duramente los actos de los demás.

Quienes la historia les ha dicho una y otra vez que su sentido especial no fue confiable. Su radar simplemente está dañado y no los lleva por buen camino. Para detectar esto se requiere humildad, así podrán retroceder el tiempo y analizar los múltiples diagnósticos equivocados que han tenido.

Quienes se ensañan en contra de alguien, por prejuicios, envidias o ganas de controlar. ¡Todo lo que hagan será usado en su contra! Y, por supuesto, su sexto sentido les dirá una y otra vez que son personas *non gratas*.

Deja de ver moros con tranchetes, supera esas ganas desmedidas de creer que todos tus juicios son reales. Toma las precauciones necesarias en caso de dudas, pero no envíes tus dardos envenenados contra alguien que no lo merece.

Comparto contigo algunas recomendaciones que espero apliques para controlar tu imaginación destructiva:

- Dejar libre a tu imaginación no significa abrir de par en par los canales pesimistas y derrotistas. Analiza los hechos, imagina lo mejor que puede ocurrir y ten presentes los escenarios negativos pero no los afirmes ni decretes como una realidad.

- NO eres el centro de atención de toda la gente que tratas y de la gente que no tratas. No des rienda suelta a tu imaginación creyendo que la gente te tiene siempre en la mira. Es la comprobación más grande de tu ego desmedido. Eres un ser igual de importante que los demás y ante los ojos de Dios todos somos amados por igual. Creer que la gente te tiene mala fe puede convertirse en una profecía por la mala vibra que emana de ti. Recuerda, nadie quiere a su lado a alguien con delirios de persecución.

- No hagas juicios precipitados. Argumentos basados en suposiciones muchas veces absurdas, creadas por tu imaginación y tus propios miedos. Analiza tu infancia, tus carencias, detecta tus traumas y, sobre todo, esos temores ocultos que se han manifestado una y otra vez pero no quieres reconocer. Tu miedo a estar solo o sola puede ser expresado confusamente, con actos que promueven precisamente esa soledad en tu vida.

- Cuando una idea que daña tu estabilidad emocional te agobie, procura decirte frases que te ubiquen en tiempo y espacio:

  "Estoy haciendo un juicio sobre alguien que no conozco."

  "Esto es sólo una suposición."

  "Creo esto, pero por desconocimiento no puedo asegurarlo."

  "Necesito comprobar lo que supongo."

  "Me regalo y regalo el derecho a la duda."

- Procura pensar en el mejor escenario sobre un hecho que anticipas. Procura el cómo sí, en lugar del por qué no. Analiza riesgos con la consigna de tener precauciones pero no pensarlos como una realidad absoluta.

- Si aceptas con humildad que tu imaginación y juicios desmedidos te han metido en problemas, ¿por qué no inicias hoy tu proceso de liberación y sanación? Sana tus heridas avivadas por pensamientos repetitivos y destructivos, deseando sólo lo bueno y lo mejor para ti y para los que te rodean.

- Decide hoy llenar tu vida de amor, no de temor. Nuestro Creador nos dio la vida para amar, no para sufrir ni llenarnos de miedos infundados. Ante la incertidumbre, deja que el tiempo y Dios hagan lo suyo, siempre será la mejor estrategia.

Un proverbio chino dice: "Para disfrutar de un buen vino en una copa llena de té, primero hay que tirar el té y después servir y disfrutar el vino."

Aprender a desaprender será tu primer paso para cambiar tus pensamientos.

En los siguientes capítulos te daré más estrategias para tan importante logro.

En conclusión:

1. Si para ti es una costumbre decir "No puedo..." "Eso no es para mí..." "No lo lograré...", el filtro que tenemos en la mente, llamado sistema reticular activo, hará todo lo posible de convencerte de esas frases negativas. Mejor pon en práctica oraciones como: "Seguro lograré..." "Puedo hacer esto y además..." "Soy capaz de transformar para bien..." Recuerda: tú puedes crear un mejor escenario en tu vida, empieza por creerlo con frases asertivas.

2. La imaginación utilizada en forma negativa te daña hasta provocarte estados de ansiedad o estrés desmedido. Elige pensamientos positivos, sanos, escenarios de belleza y logro, de realización profesional y bienestar espiritual: ¡Está en ti crear imágenes de salud y fortaleza espiritual!

3. No te confundas, no pienses que todo lo que supones es real o correcto, ten cuidado si te encuentras en un torbellino donde prevalece tu imaginación

destructiva, cambia tus pensamientos basados en el estrés y la confusión por pensamientos de paz y paisajes luminosos y tranquilos.

4. Te comparto un recurso médico para cuando te sientas angustiado o te ataque la ansiedad: respira profundo y mantén el aire tres segundos, saca el aire poco a poco, mientras lo haces piensa en algo blanco (es más fácil de lo que crees), piensa en nubes enormes y tú acercándote a ellas, o piensa en un gran muro muy blanco, acércate a él. ¿Te diste cuenta? Mientras lees "ves la nube y te acercas a ella", "ves la pared enorme, blanca, y te acercas a ella", y respirabas profundo: ¡Veías la nube o el muro blanco y tu ansiedad disminuyó! Tus pensamientos se ocuparon en algo blanco, repite el ejercicio cuantas veces sea necesario, verás que te ayudará a sentirte más tranquilo.

5. Si ya sabes que tu imaginación es destructiva, ¿para qué la invitas? ¡Estás viendo que la niña es chillona y la pellizcas! Mejor elige pensamientos que te recuerden algo gracioso, una travesura, la broma que hace poco te hizo reír mucho, alguna situación cómica, te darás cuenta de que al llamar esas imágenes sonreirás sin esfuerzo, traerás al presente momentos divertidos de la vida.

9

YA SUPÉRALO: TU AFÁN DE CONTROL DESMEDIDO

La tolerancia te permitirá comunicarte mejor

Inicio este capítulo con una de mis frases matonas, creo yo, de las más contundentes: "Desear que la gente sea siempre como tú deseas es poner en evidencia tu afán desmedido de control." ¡Sopas!

Deja fluir para que las cosas fluyan. Frase que puede ser considerada como una aberración a la lingüística pero con ella deseo expresarte otro gran descubrimiento que he tenido al paso de los años.

Sí, debo admitirlo: mi afán de que las cosas sean como yo digo, se hagan exactamente como yo deseo y, sobre todo, que la gente reaccione como yo quiero. "¡Es terrible, César Lozano!", me digo con pena y agrego: "Sí, lo sé."

Si pudiera decirte en una palabra todo lo que deseo que apliques para evitar el control desmedido, emplearía ésta: *tolerancia*.

Tolerar que la gente tiene su tiempo y su momento, que el viento no siempre estará a mi favor y por lo tanto habrá momentos buenos y no tan buenos y, ante el infortunio, dejar que las cosas fluyan es una buena estrategia.

Acepto que mi lección más grande para dejar de controlar ha sido el trato con los dos maravillosos hijos que tengo.

Cuando eres papá o mamá caes muy fácil en la creencia de que por tener tan importante misión que la vida te ha otorgado, se supone sabes más que ellos y, ¡oh, sorpresa!, después te das cuenta de que sólo eres guía y no mandamás.

"Papá, no sé qué hacer con el maestro, se nota que la trae contra mí..." Cuando escuché esto de mi hijo de inmediato dejé de hacer lo que me ocupaba para expresarle mi opinión (o mandato) al respecto, evitando demostrarle el gran coraje que sentía porque el mentado profesor se ensañaba con él, entonces en tono enérgico le dije:

"Lo que debes de hacer es hablar con él mañana y decirle textualmente tres cosas...", y enumeraba una a una con tal firmeza que a mi hijito no le quedaba más que escuchar pero con una cara de duda o extrañeza por lo que le sugería.

"Papi, ¿me dejas tener novio?", me preguntó tímida y amorosamente mi hijita cuando tenía 13 años. Ella, sumamente inteligente, me lo pidió un domingo que mi esposa y mi hijito no pudieron acompañarnos y nos dirigíamos en el auto a la misa del domingo.

"¡¿Qué?! ¡Por supuesto que no!" Entonces mi hijita se puso a llorar desconsolada y yo, obviamente, empecé con una letanía que me salió de lo más profundo de mi ser. Desde los valores y principios que ella siempre ha demostrado, hasta la edad conveniente para iniciar un noviazgo, no sin antes aventar una vez más la frase tan trillada: "Yo a tu edad...", situación que, ahora estoy convencido, les tiene sin cuidado, no les interesa saber lo que hicimos o no a la edad de ellos. Prácticamente hablé o parloteé sin parar todo el camino a la iglesia y, al bajar del auto, exclamé tajante: "Y no quiero más lágrimas en la misa. Punto final."

Mi adorada princesa no habló más, expresó un silencio lacerante toda la misa, con su cabello tapando las partes laterales de su bella carita.

Al salir le dije cuánto la amaba y no permití que hablara más al respecto.

Cuántas veces decimos frases que parecen mandatos u órdenes guiados por las ganas de controlar, como: "Haces mañana esto..." "Le hablas para decirle que no..." "Deberías estudiar mejor esto..." "No deberías juntarte con..." "Por supuesto que ése no es tu amigo..."

Y muchas más frases impositivas que, en mi afán de dirigir, controlar o evidenciar mi liderazgo, dije una y otra vez. Por supuesto que en ambas historias reales que compartí contigo tenía el derecho de opinar, ¡pero no de imponer!

Desde que estudié medicina, me enseñaron a decirles a los pacientes el diagnóstico de lo que les aqueja y cuál es la mejor recomendación para su curación. El médico todo lo sabe... ¡Sí, cómo no!

Posteriormente, en mi faceta de capacitador y conferencista, comparto anécdotas, generalmente con un toque de buen humor, y siempre, al final, ofrezco una opinión sobre lo que considero conveniente hacer ante tal o cual situación.

Bendita certificación en life coach en Vórtice Internacional, en la cual me enseñaron a desaprender esas ganas desmedidas de decirle a la gente qué tiene que hacer y mejor utilizar la estrategia de formular preguntas inteligentes para que la gente saque, de sus reflexiones, las mejores respuestas, lo cual será siempre la mejor opción.

Nadie mejor que uno para saber qué nos conviene más ante lo que nos sucede, pues nuestro pensamiento al respecto será siempre mejor que el de los demás: "Nadie sabe dónde aprieta más el zapato, sólo quien lo calza."

¿Por qué ese afán de controlar?

- Para demostrar poder.
- Por saber más que los demás.
- Como expresión del gran amor que te tengo.
- Para prevenirte de errores que puedes cometer.

Difícil mezclar el control desmedido con el amor, a menos que a la otra persona le encante sentirse controlada, medida, vigilada, aderezado todo con una frase totalmente irreal que dice: "Sí, es así, pero es porque me ama demasiado."

Hombres y mujeres que empiezan a controlar a su pareja poco a poco, sutilmente, con limitaciones relacionadas con la gente con la que se junta, la hora de llegada, lo que debe o no hacer: "Y si te digo esto es porque te quiero y deseo lo mejor para ti...", le dijo su novia a Chuy, quien todo atolondrado dejó de ver a sus "amigotes", como les decía ella. "¿Puedes creerlo?", me quedaba pensando. En fin, el que por su gusto muere... Te comparto una historia que encierra grandes verdades, espero que no te identifiques con su desenlace.

¿Y luego por qué se rompen las relaciones?

Alberto era un hombre felizmente casado, con más de 25 años de matrimonio, tenía dos hijos y vivía con una cultura de trabajo que desde el noviazgo tuvieron él y su esposa.

Ella, excelente mujer, triunfó en su profesión que ejerció durante muchos años, hasta que ambos pusieron un negocio que resultó ser exitoso. Ella, con gran profesionalismo, apoyaba en la administración y manejo del personal por muchos años, hasta que un día empezó a cuestionar a su pareja, le decía con quién debía hacer negocios y con quién no. Quién le caía bien y quién no. Quién era mala influencia para su marido, quiénes eran buenos amigos para frecuentarlos más y, sobre todo, a quiénes debía alejar de su vida.

Limitó sociedades para el negocio sólo porque no le caía bien la persona en cuestión. "¡No me preguntes por qué! —le gritaba a Alberto una y otra vez—, simplemente no me cae y no lo quiero ver en la empresa y mucho menos en mi casa." ¡Zas! ¿Así o más claro el control ejercido?

¿No hubiera sido mejor el diálogo constante, la comprobación de hechos con pruebas, no con suposiciones?

¿Qué sucedió? El hartazgo se hizo presente por los múltiples reclamos recibidos. A la fecha siguen juntos, pero no revueltos: cuando se pierde la confianza y se excede el control, te aseguro que el amor brinca por la ventana.

No hay nada que enamore más a un hombre que una mujer que expresa admiración por su pareja, lo digo una y otra vez en mis presentaciones, lo cual estoy seguro de que la mujer de la historia no ha escuchado.

Cuando se pierden los tres ingredientes básicos de una relación: la confianza, el respeto y las muestras constantes de amor (incluyendo la admiración por lo que es o lo que hace), las broncas se presentan y lamentablemente se deja de amar, es entonces cuando se empieza a soportar. Si no se hace algo al respecto, la relación lamentablemente muere.

Otro gran peligro es el machismo, pues lastima profundamente a las mujeres y para nada lo acepto. Jamás debe el hombre mangonear a su mujer y decidir solo. La situación donde las mujeres están con sus maridos por abnegación, necesidad, costumbre y muy pocas veces por amor, debería ser cosa del pasado, lamentablemente hoy en día no es así y muchas son víctimas de abusos y chantajes que, como hombres y mujeres, como familias y sociedad, no debemos tolerar, mucho menos justificar.

Quien se somete y se acostumbra al exceso de control sobre su vida difícilmente expresa sus sentimientos y, cuando lo hace, siente culpabilidad por ir en contra de algo que siempre se ha hecho así.

Qué diferente hubiera sido mi actitud con mi hijito aquella ocasión que me externó su proceder ante un maestro que supuestamente no lo quería y la traía contra él, si lo hubiera dejado que expresara lo que sentía, sin interrumpir, y luego preguntarle cómo se sentía ante tal situación. Increíble el maravilloso efecto que tiene preguntar primero "¿Cómo te hace sentir eso?", ya que poner nombre a un sentimiento es el primer paso para sobrellevarlo. Dejarlo expresar su sentir y preguntar qué es lo que cree que debe de hacer, ayudarle a que de él salga la mejor idea. Si es de él la sugerencia, se incrementa su seguridad y su autoestima. Guiar, direccionar y hacer sentir seguridad es lo que debí hacer, no imponer, mangonear o pregonar mis múltiples conocimientos y experiencia en el tema.

Muy diferente hubiera sido mi reacción si hubiera dado tiempo a que mi hijita expresara su sentir, aunque sé que no es la mejor edad para iniciar un noviazgo, aunque pueda afirmar que tengo la razón, no hubiera fomentado que ella, desde entonces, acuda más a su mamá que a mí para pedir sugerencias de lo que le sucede.

Nuevamente te recuerdo: "El problema no es lo que nos pasa, es la reacción que tenemos a lo que nos pasa." Son las ganas de ganar la discusión, de expresar el control y, sobre todo, de hacer que la gente haga lo que yo digo "porque sé más", "porque soy tu papá", "porque soy tu esposo", "porque te amo demasiado", "porque tengo más experiencia que tú", "porque lo digo yo y punto".

¿Te identificaste con algo?

¿Sientes que tus ganas de control te han alejado de la gente que amas?

Espero que estas sugerencias te sirvan:

- A veces perder es ganar. No siempre ganar tiene beneficios. Cuando ganamos una discusión generalmente alguien perdió, y si de ganar se trata, que sea haciendo sentir bien a quien le quitamos una idea. Siempre será bueno negociar para que las partes queden conformes. Con personas que no tengo una relación importante o no son gran influencia en mi vida, prefiero quedarme en silencio ante su verdad insistente, aunque muchas veces no esté de acuerdo. Ganamos una discusión cuando la evitamos y con mayor razón con gente terca, insensible o que le gusta llamar la atención de cualquier forma.
- Evita controlar a tu pareja a tal grado que sienta que pierde el dominio de su propia vida. No tienes derecho a quitar de su vida lo que para ella o para él es importante siempre y cuando no afecte tu relación ni a tu familia. ¿Con qué derecho le impides aprender sus propias lecciones creyendo que tienes la verdad absoluta?
- Sugerir siempre es mejor que imponer. Una sugerencia fundamentada, con argumentos, previamente razonada, donde se analizaron los pros y los contras considerando la opinión de la otra persona. No impongas, inegocia!

- Utiliza el lenguaje del amor, no del miedo. Si deseas un cambio que consideras fundamental para seguir con quien significa tanto para ti, nunca olvides que el mejor lenguaje es el basado en el amor, no en el miedo, que generalmente va lleno de gritos, reclamos, amenazas, críticas infundadas y la profunda sensación de coraje, soledad y poco entendimiento. El lenguaje del amor es el que se fundamenta en la compasión, el diálogo, el respeto, la escucha activa y la consideración.
- A veces es bueno preguntarte: "¿Qué prefieres, tener la razón o ser feliz? ¿En serio vale la pena pelear por algo que el día de mañana será intrascendente?" Quien es inteligente utiliza la astucia para lograr lo que se propone, y la mejor astucia será la que promueva la tranquilidad, la confianza y el bien común.

Espero que lo antes dicho te sirva para comprender que el deseo de controlar los actos, decisiones y opiniones de los demás sólo desgasta las relaciones, incluso con tus seres más queridos.

En conclusión:

1. Bendito refrán que encierra gran sabiduría popular: "Agua que no has de beber, déjala correr." No te aferres al deseo de controlar todo y a todos, deja que las cosas fluyan y encuentren su mejor acomodo.

2. Es mejor hacer preguntas inteligentes a la gente para que reflexione y llegue a una conclusión positiva, en lugar de pontificar con argumentos necios y decirles lo que deben o no deben hacer.

3. Ahí les va una frase matona: "Quien se somete y se acostumbra, se atonta y se fastidia." ¡Sopas!

4. Deja que los demás expresen sus ideas, sus sentimientos, sus formas de sentir y entender la vida. Si eres una persona inteligente, te darás cuenta de que es posible aprender de todos los seres humanos. Del necio a no insistir con terquedades, del envidioso a no imitarlo, del controlador a permitir que los demás expresen sus puntos de vista.

5. Recuerda, cada cabeza es un mundo. Cuando dejas de ser controlador compulsivo te conviertes en un ser humano confiable, digno de respeto, incluso habrá quienes se acerquen a ti para saber tu opinión sobre alguna dificultad que atraviesan. Aprender a dialogar es aprender a vivir, ¿así o más claro?

YA SUPÉRALO: LA GENTE NO ES NI SERÁ COMO DESEAS

10

La gente cambia, ¡te guste o no!

"¿Por qué es así de frío?"

"¿Por qué no se alegra con eso?"

"¿Por qué se queja tanto?"

"¿Por qué no es como su hermano?"

"¿Por qué me trató así?"

Éstas y más preguntas surgen a veces entre las parejas y los miembros de una familia después de años de convivencia, preguntas que muchas veces se basan en suposiciones, ya que la realidad la conocen sólo quienes presentan esas supuestas conductas de frialdad, desinterés o distracción. Pero lo que debemos de tener claro es que las personas toman sus decisiones solas, cambian de opinión o de forma de ser, modifican o añaden hábitos.

El cambio es la constante y jamás falta. Todo cambia, nuestra piel, nuestras reacciones, nuestras emociones, la forma en la que valoramos o no la vida, la manera en la que nos relacionamos.

Podremos imaginar que el mal carácter de alguien es por la infancia tan dura que tuvo, o su amargura es por la ruptura amorosa que jamás superó; podremos suponer una y mil teorías de los porqués de la forma de ser de quienes nos rodean, pero lo que me ha quedado claro, al paso del tiempo, es que la gente es como es y punto.

Podremos influir relativamente en la vida de los demás, pero difícilmente cambiar toda una forma de ser. Te comparto la siguiente historia:

Clarita se queja amargamente del mal carácter que tiene su esposo: "¡Tiene todo y actúa como si no tuviera nada! ¡Imposible agradarlo porque siempre busca con lupa lo malo, en lugar de agradecer lo bueno!"

El marido es un hombre de 59 años de edad, dedicado toda su vida al trabajo, con cara de pocos amigos y, como profecía, en realidad con muy pocos amigos. Perfeccionista, celoso, iracundo, quejumbroso y otras monadas más que lo llevaban a la categoría de aguantable y a veces insoportable pero no querido ni por Clarita ni por sus tres hijos.

"¿Y por qué sigues con él?", le pregunté a Clarita, quien pensativa respondió: "Pues, a estas alturas, ¿ya qué hago?" Pero lo más sorprendente fue su respuesta a la pregunta que, generalmente, realizo cuando escucho ésta y otras quejas parecidas: "Si sabías cómo era, ¿por qué te casaste con él?" La mujer contestó: "¡Porque así no era! Fue cambiando al paso del tiempo."

La gente cambia, para bien y para mal. El cambio es una constante en la vida, y todo lo que nos conecta con los demás y con la naturaleza cambia: la genética, nuestras vivencias, la gente con la que nos juntamos, los duelos, los conocimientos adquiridos, las traiciones y la aceptación o no aceptación de lo que vivimos... A lo largo del tiempo enfrentamos numerosas transformaciones, cambios en los demás, incluso de nosotros, eso hace que las personas sean de determinada manera o hagan cambios al paso del tiempo que pueden o no gustarnos.

Así que ¡ya supéralo!, la gente cambia. Ni la persona con la que me casé, ni mis hijos, hermanos o padres serán siempre iguales al paso del tiempo. Evolucionan o retroceden, y el éxito o fracaso de las relaciones dependerá de la capacidad de *adaptación* que tengas y el nivel de *tolerancia* que desarrolles.

Bendita capacidad de adaptación que nos permite moldear nuestras reacciones con quien no es como queremos, que nos permite entender que todos tenemos nuestro lado frágil y que, dependiendo de la astucia que demostremos, nos entenderemos mejor.

Las ventajas de la tolerancia

Sin duda, es indispensable la capacidad de tolerancia, pues ayuda a no engancharnos a lo que por el momento nos irrita, que seguramente, al paso del tiempo, será prácticamente intrascendente.

Se ha hablado tanto de la adolescencia, etapa que a muchos jóvenes los hace inquietos, impulsivos, desbalagados y hasta insoportables, pero nos consuela decir que sus arranques y transformaciones son normales en esa etapa y, sin duda, pasarán.

Adolescencia viene de la palabra *adolece* o *algo falta*. Y es precisamente la etapa en la que reconocemos que al ser humano le falta madurez en el lóbulo prefrontal de su cerebro, lugar en donde se diferencia lo que representa un riesgo para él y lo que no. El joven adolece de esa madurez para actuar conforme se esperaría y por eso toma decisiones que incluso a veces ponen en peligro su integridad y sus relaciones.

Claro que no faltan los adultos que jamás maduraron su lóbulo prefrontal y siguen actuando como adolescentes.

Los ingredientes básicos para enfrentar los cambios son la *adaptación* y la *tolerancia*, con ellos pueden sobrellevarse los conflictos relacionados con los cambios que todos tenemos en nuestras reacciones o emociones.

Tu capacidad para desarrollar ambas habilidades será lo que marque la diferencia.

¡Ya supéralo!, la gente cambia, y si no aceptas tan tremenda afirmación vivirás en un pasado lleno de añoranza y desilusión, lamentando por qué cambiaron de tal forma las personas y las cosas. Pero no le des más vueltas, es parte de la vida, acepta que pensar diferente a los demás nos permite el diálogo y la convivencia.

Olvídate del afán que tiene mucha gente de que los demás adivinen su forma de pensar o hagan lo que ellos creen que es correcto. Por qué no detenernos un poco a pensar que cada cabeza es un mundo y las opiniones de los demás cuentan.

Si de verdad quisiéramos complacer de buena manera a los demás, no nos quejaríamos por lo que dijeron, hicieron, tronaron, troncharon con decisiones que a nosotros no nos parecen acertadas.

No confundas consideración con sumisión

Te voy a contar la historia real de una pariente mía muy cercana, de la que por obvias razones no diré su nombre verdadero y espero, amiga lectora, amigo lector, que no te quede el saco.

Rosaura es una destacada ejecutiva en una empresa acerera. Tiene un sueldo excelente, viaja constantemente por motivos de trabajo y atiende con esmero a su esposo Arturo y a su preciosa hijita Lorena. Rosaura es servicial, amable, muy guapa y una anfitriona excelente que gusta de invitar, con su marido, a comidas, cenas y numerosos festejos al resto de su familia, a quien además presume por su unión y agradable convivencia.

Podemos decir que Rosaura tiene una vida perfecta, en constante crecimiento económico y con grandes expectativas. Sin duda la primera impresión que se tiene de ella es la de una mujer segura, de buen trato y elegante, el modelo de éxito que llama siempre la atención. Al parecer todo en la vida de Rosaura y Arturo es felicidad, es perfecto.

Lamentablemente no es así. "¿Cómo? ¿Por qué? ¿Hay alguien enfermo en esa familia? ¿Alguna amenaza recae sobre ellos?" No. Pero mi querida Rosaura no es feliz, corrijo, no es completamente feliz. Siente un vacío en su vida, una inquietud que la atormenta. Incluso ha llegado a creer que quienes la rodean intencionalmente deciden cosas para dañarla.

Pero "¿cuál es el grave problema de Rosaura?", se preguntarán. Ella cree que, en muchas ocasiones, quienes la rodean hacen un complot para fastidiarla.

"Te juro, César, que no es justo. Hago lo que puedo por mis hermanos, sé que no pasan por una buena situación económica y les ofrezco mi ayuda, si mi madre me comenta que no hay quién la acompañe a ver a su hermana a Morelia, arreglo mis cosas una mañana, la llevo a casa de su hermana y regreso por ella cuando me lo pide, en una o dos semanas. Trabajo desde muy temprano y hasta ya noche, preparo la comida para mi Lore y Arturo. Sin importar la hora que llegue en la noche, ordeno la ropa, los pagos y sus pendientes. Y cuando hago los planes para las vacaciones, mis hermanos, mis papás y Arturo me dicen que ellos habían pensado en otra cosa, no se vale."

Y así se suelta mi querida familiar con su queja y sus reclamos, dice que si algo le choca y le ocasiona los peores entripados es que no sean considerados con ella, incluso les reclama que ella pide cada año sus vacaciones para estar en familia, que se ocupa de revisar qué lugares visitar, de las reservaciones de hoteles y avión, que busca qué paseos pueden hacer durante su estancia en Las Vegas, Los Ángeles o Florida, según el lugar que ella proponga para las vacaciones. Y no le parece justo que la escuchen y le den el avión, que sus hermanos salgan con que no tienen dinero o que Arturo quiera ir mejor al sureste mexicano, y ahora que Lore, su hija, diga que mejor ella se queda con sus primas o se va con sus amigos a Cancún.

Le afecta muchísimo que no tomen en cuenta sus planes para las vacaciones, que la Navidad sea ahora en casa de los papás de su cuñada y no en casa de sus padres, como ella quería, le afecta muchísimo que Arturo y sus hermanos quieran reunirse el día del padre en casa de Rosaura cuando ella había hecho una reservación para un restaurante súper lujoso que acaban de abrir, y ni porque ella los invitaba quisieron. Le afecta muchísimo que su pequeñita Lore no quiera ir en su cumpleaños a Disney World como en años anteriores porque su pequeñita de 19 años prefiere la playa con sus amigos...

Todo le afecta muchísimo... y lo peor es que si tratas de explicarle que cada quien es libre de pensar, de escoger, de decidir lo que más le convenga, ella lo toma como un ataque, se defiende de algo indefendible y con argumentos poco convincentes: "Lo hago por el bien de todos..." "Si planeo así las vacaciones es porque nos conviene este lugar..." "El cumpleaños de mi papá debe ser en este restaurante porque hoy en día es el mejor..." "Nada le gustará más a mi mamacita que celebrar su cumpleaños en San Francisco..." Y así por el estilo, pero NUNCA piensa si los demás quieren ir a ese restaurante o a esa ciudad, NUNCA piensa si su mamacita está cansada y sólo quiere una comida sencilla en familia, NUNCA piensa si sus hermanos están apretados de dinero y aunque les inviten el paseo, para ellos representa un gasto extra muy fuerte, NUNCA piensa si el bien es de todos o sólo es el bien de ella...

Reitero, tal vez tenga las mejores intenciones, por eso no me atrevo a despedazarla con juicios crueles y muy severos, pues sé que se desvive por sus seres queridos, me consta. Pero tiene al enemigo en casa, tiene al enemigo en su mente. Le resulta imposible pensar que los demás no piensan como ella, no acepta que las personas decidan algo que ella supone es incorrecto y por eso sufre, y mucho.

Cuántas veces no encontramos a personas como Rosaura: talentosas, con empleos excelentes, buenas personas, pero incapaces de ponerse en el lugar de los demás, incapaces de aceptar que todos somos distintos, que pensamos diferente y que lo que para uno puede estar bien para el otro es mala idea, que un lugar puede ser el indicado para descansar pero otra persona prefiere el bullicio de una ciudad moderna.

Personas como Rosaura, aunque tengan muy buenas intenciones, sufren porque los demás no se acomodan a sus deseos u órdenes. Creo que lo mejor en la vida es aprender a tolerar, a convivir, a aceptar a quien no piensa como nosotros, a quien no ve las cosas con nuestro mismo cristal y, sobre todo, aprender a respetar y respetarnos con el fin de disfrutar lo que tenemos y lo que nos rodea sólo... ¡por el placer de vivir!

Los cambios nos ayudan a comprender más y mejor la vida

Analiza tu propia vida y cerciórate, de una vez por todas, de la gran cantidad de cambios que has tenido al paso del tiempo. Cambios sutiles o dramáticos que, conforme te analices, descubrirás que tu manera de ser en el pasado repercutirá en tu forma de ser en el presente:

- Serás más analítico, después de múltiples adversidades.
- Más detallista, después de los duelos que has sufrido.
- Más trabajador y ahorrador, después de los quebrantos económicos.
- Más feliz y agradecido, después de sobrellevar un accidente o enfermedad propia o de alguien que amas.
- Más fortalecido al desarrollar habilidades para tratar a la gente que piensa diferente.

Pero ten cuidado, pues hay personas que se enganchan con cambios que son sólo para mal y reaccionan pésimo ante lo sucedido:

- Se vuelven más amargadas, después de múltiples adversidades.
- Más tristes e indiferentes, después de los duelos que han sufrido.
- Más deprimidas y sin esperanza, después de los quebrantos económicos.

- Más miedosas y encerradas, después de un accidente o enfermedad propia o de alguien que aman.
- Más iracundas o agresivas por tratar constantemente con personas que han colmado su paciencia.

Pero está en nosotros decidir por la amargura o el optimismo, por el enojo o la ilusión, pues no todos reaccionamos igual ante un mismo evento.

Mi pequeña perra Carmela, por el paso del tiempo y después de un susto tremendo que tuvo al enfrentarse a un perro enorme y bravo que por poco le quita la vida de una mordida, dejó de ser la perra alegre e inquieta que siempre fue. Escucha menos, se la pasa dormida la mayor parte del tiempo, con signos visibles de depresión, además de perder la capacidad de reconocernos. Tengo que aceptar que me entristece su nueva manera de ser, su rechazo constante y evidente a mis caricias; con pesar y desilusionado disminuí el tiempo que le dedicaba. Situación muy diferente fue la que tomó mi hijita, quien busca la forma de ganarse su confianza y evitar su temor natural al ver constantemente a gente que es nueva para ella, llenándola de cariños, durmiendo con ella y buscando una y mil formas de hacerla sentir amada.

Mi aprendizaje ante este suceso no deja de sorprenderme y me recuerda que tal vez la gente con la que trato ya no es la misma, pero depende de cada uno de nosotros recordar o no nuestra verdadera esencia y la forma en la que reaccionamos ante una nueva forma de ser.

Reacciono con la misma indiferencia y agresividad, o reconozco que son las circunstancias de su vida las que hacen que una persona cercana a nosotros actúe de determinada manera.

Y es comprensible que ante cambios donde se ponga en riesgo nuestra integridad, se justifica perfectamente alejarnos de la persona en cuestión.

No soy el mismo después de la muerte de mi madre, ni en mi forma de ver la vida ni en la manera en la que me relaciono con la gente. Afortunadamente su ausencia me cambió para bien, ahora valoro más todo lo que vivo, me enfoco en el cómo sí en lugar del por qué no. Su muerte repentina me hizo darme cuenta cuán vulnerable soy y lo relativamente fácil que podemos morir. No me hizo miedoso pero sí agradecido de vivir cada día sin perder nunca la capacidad de asombrarme de todo lo que me rodea. Considero que desde entonces he fortalecido mi valor y amor por la unión familiar, aunque reconozco que es algo que no depende única y exclusivamente de mí.

En ocasiones las personas, después de una crisis familiar o matrimonial, cambian radicalmente para mal y se convierten en personas resentidas, amargadas, sin aceptar lo que es imposible cambiar.

La gente cambia por sus vivencias, sus traumas no resueltos o la falta de aceptación ante lo irremediable. Pero ante tales cambios siempre tendrás la decisión de adaptarte, amargarte o irte.

El látigo de la indiferencia y sus terribles consecuencias

¿Quieres que le duela? ¡Ignóralo!

Por supuesto que es una estrategia que puede ayudar en un proceso de recuperación ante una relación conflictiva. A veces un silencio prudente, acompañado de una aparente indiferencia, puede hacer reaccionar a quien lo único que busca es desestabilizarte. Asimismo, puede ser una estrategia injusta ante quien lo único que ha hecho es querer llamar tu atención de alguna manera.

Hablando de indiferencia, hay una que puede causar múltiples estragos al paso del tiempo y es la que, *sin querer queriendo*, hacemos con los más pequeños.

Hay escenas que veo frecuentemente en las salas de los aeropuertos y quiero compartirte una de ellas:

La mamá viaja con sus hijos, acompañada de una mujer que los cuida, generalmente vestida de enfermera. Obvio que eso no es malo, qué bueno que pueden tener a alguien que atienda a los niños, que otorguen más fuentes de empleo y, además, tengan los recursos para que viaje la nana de la casa con ellos.

La escena triste viene como la que en este momento estoy presenciando. Una niña de aproximadamente cinco años come una pizza a un lado de la mujer que la cuida y frente a su mamá, y cuando la niña le pregunta algo a la madre, ella no deja de ver su celular y se concreta a decir: "Espérame, estoy enviándole un mensaje a Dianita." Sabrá Dios quién será Dianita.

La niña hermosa suspira y voltea a platicarle a la nana que ayer un compañerito la picó en la mano con unas tijeras. La nana le toma su manita y le da un besito… Y la mamá, ¡ni en cuenta!

Y como para evitar la culpabilidad, de repente la mujer levanta la mirada para preguntar ¡si está rica la pizza!

Los tiempos han cambiado, antes las piñatas de los niños eran en las casas y las madres organizaban todo y estaban al pendiente de sus hijos e invitados. ¿Ahora? La mayoría de las fiestas para niños son en salones de eventos a los que acuden los niños, las mamás de los niños y las

170 | ¡YA SUPÉRALO!

nanas de los niños. Las mamás cómodamente se sientan a platicar y que las nanas se encarguen de sus hijos.

Si esas madres supieran lo importante que es el contacto directo con sus hijos, sobre todo en los primeros siete años de su vida, la historia y las actitudes serían totalmente distintas a lo que vemos en la actualidad.

Esos primeros y críticos siete años es donde se forja su seguridad, su autoestima, su templanza y fortaleza para manejar las frustraciones, entre muchos otros valores y virtudes.

"Los primeros siete años nos la jugamos", fue una frase que escuché en alguna ocasión de una terapeuta invitada a mi programa de radio. Son los años en los que se forma la personalidad del niño. ¡En esos años aprenden más que durante el resto de su vida! Independientemente de aprender a andar, a hablar, a leer y escribir, ¡aprenden a vivir!

Dice Eric Berne: "Todos nacemos príncipes o princesas hasta que nuestros padres nos convierten en ranas." ¡Sopas!

En otras palabras, todos nacemos bien, hasta que los padres "lo estropeamos" con las relaciones y los mandatos que introducimos en la mente de nuestros hijos.

En la primera infancia todos vivimos situaciones que nos marcaron de por vida, para bien o para mal. Crecer en un ambiente lleno de amor, con paciencia y personas que estén dispuestas a escuchar y a explicar; en un ambiente de atención plena en el que generalmente se verán los frutos en niños seguros de sí, con más capacidad para el aprendizaje por el maravilloso vínculo del amor y la confianza que les rodea, es lo ideal, aunque no lo más frecuente.

Es inevitable imaginar también el escenario de un niño que nace en un ambiente hostil o con indiferencia, donde sus opiniones no importan y el diálogo brilla por su ausencia. Esto da lugar a la creación de niños berrinchudos, iracundos, que gritan o patalean en busca de atención, seres etiquetados posteriormente como "niños problema", niños que en su casa carecieron del amor y de la atención necesarios para integrarse a los demás.

Similar historia se repite en los restaurantes y estoy seguro de que tú también has sido testigo de esto: hijos entretenidos con su tablet y padres a un lado platicando animadamente, olvidando el diálogo directo con sus hijos.

Nada sustituirá esos valiosos momentos de escucha activa, de miradas amorosas, de tiempo compartido, haciendo sentir importantes a quienes se supone son los seres más valiosos de nuestra vida.

Resumo el sentimiento que albergan los niños atendidos y los no atendidos con el siguiente ejemplo que un día leí:

"¿No me hacen caso? ¿Hablo y nadie me escucha? No valgo la pena, no soy competente", lo cual desencadena una baja autoestima e inseguridad. "No puedo confiar en mí ni en los demás. El mundo es hostil."

"¿Me escuchan mis padres? ¿Voltean a verme y me atienden? ¡Sí! Me siento cuidado y valorado. Valgo la pena y forjo una autoestima fuerte, sólida. ¡Soy competente! Puedo confiar en mí y en los demás."

Nunca es tarde para hacer sentir importante a la gente que más amamos. Si identificas que has tenido esas actitudes de relativa indiferencia con quienes te rodean, es momento de detectar si nuestros problemas actuales de autoestima, relaciones interpersonales o miedo al éxito tendrán que ver con la infancia que tuvimos. Podemos hacer el firme propósito de cambiar para bien y tomar cartas en el asunto, sanando las heridas que voluntaria o involuntariamente hayamos —o nos hayan— causado.

Comparto contigo las siguientes recomendaciones:

- El cambio es parte de la naturaleza humana. De una vez por todas entiende que esos mismos cambios los has tenido tú y la gente que amas o amabas.
- Imposible tener el control de los cambios de los demás, pero sí puedes controlar tu forma de reaccionar ante dichos cambios. Tienes control sobre ti, no sobre lo que hacen o dicen los demás.
- Paciencia, paciencia, paciencia, palabra que, dicha reiteradamente, frena tus ganas de reaccionar agresivamente con quienes te desesperan tanto.
- Acepta tu tristeza o enojo natural ante los cambios de la gente que amas, pero no permitas esa constante en tu vida. Analiza su nueva forma de actuar, identifica hasta dónde puedes influir y actúa cuando lo creas prudente.
- Ante los cambios dramáticos en la forma de actuar, donde se pongan en juego tus valores, tus principios y tu integridad, es fundamental analizar hasta dónde permites involucrarte y, sobre todo, cuándo poner distancia de por medio.

Hoy es un buen día para superar tus ganas de controlar a la gente que amas. Para dejar que fluya lo que tenga que fluir y no amargarte porque no lograste el cometido de hacer que la gente sea o haga lo que tú quieres.

En conclusión:

1. Tan fácil como esto: la gente es como es y punto. Cada quien decide lo que le gusta o le conviene. Tú no tienes el derecho de arreglar o modificar la vida de los demás. Arregla primero la tuya. ¡Sopas!

2. Para bien o para mal las personas cambian con el tiempo. Y con los cambios modifican sus hábitos y su forma de pensar, no tienen por qué adecuarse a tus cambios o a tus pensamientos. Cambiar nuestra conducta, nuestras ideas o nuestros proyectos habla de evolución y crecimiento espiritual.

3. El hecho de que te guste la fruta no indica que debe gustarle a tu familia. No dudo que seas una persona brillante pero eso no indica que tus apreciaciones sean verdad absoluta: respeta y estimula la opinión de los demás.

4. Cuando vivo una alegría la disfruto según mis creencias. Lo mismo pasa cuando enfrento una pérdida, vivo el duelo de acuerdo con mis códigos de conducta y costumbres, a partir de mis razonamientos son mis actos, pero eso no indica que sea así con las personas que me rodean. La opinión y cómo reaccionamos ante sucesos determinantes en la vida es una decisión individual.

5. Todo cambia en la vida y el tiempo marca la evolución. Cambian los pensamientos, cambian los proyectos y cambian las ideas. Las personas cambian y cada quien es libre de pensar como le convenga.

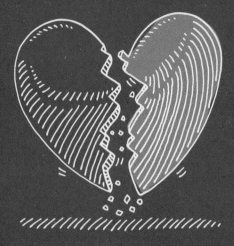

YA SUPÉRALO: EL DOLOR DE LA TRAICIÓN

De que duele, ¡duele!
De ti depende hasta cuándo

"Increíble, ¡de quien menos lo esperaba...!"

"¡Juró por lo más sagrado jamás revelar lo que le dije...!"

"Siempre confié en él..."

"Y yo que la quería tanto..."

"Le presté de todo corazón y jamás me pagó..."

Quienes hemos vivido el tremendo aprendizaje de la traición comprendemos el dolor que representa. Nunca estamos exentos de vivirla y mucho menos de cometerla.

Nunca digas de esta agua no beberé, porque si recordamos bien, tal vez en algún pasaje de nuestra vida fuimos tachados de hipócritas, indiscretos, chismosos, poco responsables y quizá así fue de manera voluntaria o involuntaria.

Duele la traición por la confianza que se rompe, por el afecto o el amor que de un momento a otro desaparece, por la fe depositada y por lo difícil que representa perdonar a quien nos daña tanto.

Lastima demasiado porque esas personas a quienes un día les abrimos las puertas de nuestra casa y nuestro corazón, a las que les dimos nuestra confianza porque creíamos que la merecían, resultaron ser unas fichitas. Y es triste pero cierto, mientras más esperes de alguien, más grande será tu sufrimiento si la persona te defrauda.

Y aunque así ocurra, esto siempre conlleva un gran aprendizaje, porque quien no ha sufrido una traición directa o indirectamente no tiene un filtro para medir lo que dice o hace. Directamente por ser víctima o victimario, e indirectamente por el inmenso dolor de vivirlo a través de la gente que amamos.

Dos tipos de traiciones son las más dolorosas: la traición en la amistad y la infidelidad de la pareja.

Ambas ocasionan daños difíciles de sobrellevar al paso del tiempo y sus razones pueden ser diferentes. Te comparto lo siguiente, considero que es esencial para valorarte y valorar de la mejor manera a quienes te rodean.

¿Qué hay detrás de una traición en la amistad?

Pérdida de la confianza plena

Seré claro. De parte tuya porque confiaste en quien no debías y porque ensalzaste o idealizaste una amistad que probablemente te dio señales de que no era de fiar y, sin embargo, no viste o no quisiste ver.

Confiaste en quien hablaba constantemente de los demás y sólo te lo contaba a ti y solamente a ti, con la aclaración inmediata que generalmente se hace en esos casos: "No se lo digas a nadie." ¿Qué te hace pensar que quien traiciona a otros contando su vida y obra no te traicionará a ti? ¿Qué te hace pensar que quien habla pestes de los demás no lo hará de ti?

Duele más cuando depositamos la confianza en quien ya nos había traicionado y después perdonamos con la creencia de que no volverá a ocurrir.

Recordé una de mis frases matonas con gran dosis de *ubicatex*: "Es terrible conservar la esperanza de cambio de quien te ofende, te maltrata o te humilla." ¡Zas!

A veces depositamos total confianza en quien no debimos y, para nuestro pesar, no se puede retroceder el tiempo. Lo hecho, hecho está. Confianza plena en quien juró, una y otra vez, que nos iba a pagar ese dinero que con esfuerzo ganamos y, simplemente, la persona se hizo ojo de hormiga o con la mayor desfachatez olvidó el préstamo creyendo que la amistad o la hermandad es para eso, ¡o peor, creen que es casi tu obligación ayudarlo porque te va mejor o tienes los recursos para hacerlo!

Confianza probablemente mal encausada, pero que en su momento la sentiste ¡y ya! Déjala en lección vivida y, espero que también, aprendida.

Tomamos decisiones fruto de nuestras necesidades afectivas, confiamos ciegamente, aunque después de la desilusión lo que nos queda es pensar bien los hechos y soltar lo que duele. No creo que sea momento para preguntarnos una y otra vez los porqués, simplemente lo decidiste y el resultado no fue el esperado. Se aprende la lección y a seguir adelante, y para ayudarte a que ya no te retuerzas una y otra vez con lo sucedido, te pido que digas esta frase en voz alta: "En su momento tomé la decisión que creí que era la correcta." Pues eso de estar lamentándote una y otra vez en por qué lo diste o lo hiciste en provecho de quien no se lo merecía, es abrir la herida una y otra vez. Tomaste la decisión de confiar, amar o ayudar a alguien que no valoró tu buen corazón, deja que el tiempo haga lo suyo, y si la persona se arrepiente o no, eso ya no es tu problema, tomaste una decisión que creías correcta en ese momento y ya.

Imprudencia o inocencia

Descuido de quien te traicionó al creer que lo que expresó de tu persona no era algo relevante y, por lo tanto, lo expresó con cierta dosis de inocencia. Recuerda que lo que para ti es importante, no siempre lo es para los demás.

Decir que alguien es *mandilón* puede ser un comentario que cause risa y sea considerado insignificante. Sin embargo, en una ocasión fui testigo de una escena en la que alguien contó, al calor de las copas, lo mandilón, obediente y miedoso que era su compadre, el problema era que el compadre estaba ahí y, además, eran amigos desde la infancia y después se hicieron compadres por el bautizo de sus hijos. En ese momento la actitud del aludido cambió radicalmente, su sonrisa se acartonó y la mirada fulminante traspasó a su compadre.

A pesar de los múltiples esfuerzos que hizo el compadre hablador por disculparse y aceptar su imprudencia, nunca consiguió enmendar el error ni continuar con una amistad de toda la vida.

"¡Oye, qué repuestita te ves! ¡Cuántos kilos de no verte!" Este comentario, dicho ante varias personas y en un momento de sensibilidad extrema de la persona a quien va dirigido, es, sin duda, una total imprudencia.

"¡Ya no le den de tomar porque luego le da por besarse con todo el mundo!" ¡Zas! El día que escuché eso no le tomé importancia, pero la mujer a quien iba dirigido el mensaje, sí. Y le afectó mucho. Éste es otro caso de una amistad que terminó por una aparente inocencia que se interpretó como traición a la confianza que se tenía.

"¡Lo que pasa es que tu hija no es la bailarina que México espera!" Fue dicho por la directora de una importante academia de danza a una de sus mejores amigas, quien en ese entonces tenía a su hija practicando en dicha academia. Ya te imaginarás la reacción de la mamá de la niña; como sabes, duelen más los comentarios hirientes dirigidos a nuestros hijos que los que hacen sobre nosotros como papás. A partir de ese momento la relación entre las dos pasó de ser una relación de amistad a sólo una relación cliente-proveedor.

Envidia

¡Qué sentimiento tan espantoso! Y lo peor es que ¡todos en algún momento de nuestra vida lo hemos tenido! Envidia muchas veces disfrazada de admiración, probablemente falsa. Envidia a quien mantiene su excelente figura sin esfuerzo, sin ejercicio y comiendo de todo; envidia a quienes logran lo que se proponen, aparentemente sin esfuerzo; envida a quien tiene un maravilloso tino para comprar boletos que resultan premiados.

Ese tipo de envidias probablemente no tiene gran importancia, pero cuidado con quien te ensalza sin grandes razones para ello, porque puede estar maquillando una envidia desmedida. Hay amigas que te demuestran una admiración inmensa por tu físico o tu maravillosa forma de ser, pero al mismo tiempo, hablaban pestes de ti.

Envidia de la pareja que tienes y porque tú sí eres feliz y ella o él no. ¿Cuántas mejores amigas o amigos han hecho hasta lo imposible por separar parejas que se aman con comentarios mordaces y llenando de dudas a quienes supuestamente quieren mucho?

Envidia por el excelente trabajo que realizas, los éxitos que has logrado y la familia que tienes, mientras el envidioso no se cansa de decir que es maravillosa, pero lamenta con coraje su suerte.

Recordé el caso de una amiga que en su momento fue entrañable, en muchas ocasiones la invité a mis conferencias y, aun viviendo en la misma ciudad que yo, jamás asistió a ninguna. Le mandaba con mucha anticipación su invitación y casualmente siempre tenía compromisos que le impedían asistir. Adulaba mi trabajo sin conocerlo, adulaba a mi familia, a mi esposa y a mis hijos, decía a quienes podía que nadie me conocía como ella. Un día fue testigo de un logro que me costó mucho sacrificio y tiempo. Tiempo después se ensañó hipócritamente en mi contra, a mis espaldas, de una manera que a la fecha me resulta difícil de creer. ¿Me dolió? Sí, y mucho. Pero decidí soltar la experiencia negativa. Se aprendió la lección y a seguir el camino. De cada uno depende decidir si se continúa o no con la amistad. En mi caso, obvio no.

Traición por infidelidad

Sin duda, uno de los dolores más grandes, por perderse repentinamente la confianza, la lealtad, el respeto, y muchas veces sólo por un amor idealizado.

Por supuesto, la víctima siente que jamás merecía algo así, mucho menos por el amor y la fidelidad que siempre ha profesado a su pareja.

Estoy de acuerdo en que habrá mil razones para reafirmar nuestro dolor, pero ¡aguas! Regodearnos con él de manera obstinada y ciega nos impide avanzar.

Como en todos los duelos, hay que pasar por diferentes etapas: negación, coraje o ira, negociación, tristeza y aceptación. Llegar a la quinta etapa dependerá de tu capacidad de aceptar lo sucedido y asimilar lo vivido.

Es muy difícil sobrellevar el dolor inmenso tanto para la pareja como para los hijos, si llegan a enterarse, como fue el caso de otro gran amigo mío y el de sus hermanos y hermanas durante su adolescencia y juventud.

Difícil no tomar partido y casi imposible no defender a su madre, que vivió su dolor con tantos días y noches de llanto; difícil no llenarse de rencor contra su padre por algo que se supone, en su momento, no entendía ni mucho menos podía juzgar.

Más difícil fue cuando su madre lo convirtió, a su corta edad, en su confidente y consejero, saturándolo con detalles que, en ese entonces, lo llenaron de un rencor desmedido.

Su madre nunca perdonó. Aunque decía que lo intentaba, frecuentemente le reprochaba a su padre su infidelidad y supongo que fue la razón por la cual enfermaba constantemente de alta presión arterial y de otras enfermedades con las que indirectamente buscaba llamar la atención de todos, incluyendo obviamente la de su marido.

Sin duda, la necesidad de sentirse amada y valorada es lo que más requiere la persona que vive el dolor inmenso de una traición por infidelidad. Haciéndose las preguntas, muchas veces sin respuesta: "¿En qué fallé?" "¿Qué tiene esa persona que no tenga yo?" "Si tenía todo conmigo, ¿por qué buscó a alguien?" "¿Por qué se burlaron así de mí?" "¿Cómo fue capaz de faltar a la fidelidad que le he tenido?"

Y eso sin olvidar las preguntas que más dolor causan, llenas de morbo y que para nada sirven: "¿Cómo y cuándo empezó todo?" "¿A dónde se iban?" "¿En qué momento fue, que no lo vi?" "¿Cómo lo hacían?" "¿Lo disfrutaba más que conmigo?"... y tantas más que, reitero, son preguntas cuyas respuestas no sirven para nada y abren más las heridas.

En mi programa de radio *Por el placer de vivir* he hablado en varias ocasiones sobre el tema y la pregunta obligada que formulo a mis radioescuchas es: "¿Tú perdonarías una infidelidad?"

Hay quienes tajantemente dicen un NO rotundo. Y no únicamente eso, con el solo hecho de imaginar la situación contestan con ira. Hay quienes responden que ya perdonaron eso y que fue una labor ardua que llevó mucho tiempo y requiere decisión constante.

Hubo quienes perdonaron, intentaron reconstruir la confianza destruida y volvieron a sufrir la infidelidad. La frase que acompaña dicha declaración es: "Quien fue infiel lo será nuevamente." Una especialista me explicó que existe un gen de la infidelidad y a quien lo porta le resulta prácticamente imposible ser fiel. ¿Será? Mejor no ahondemos en el tema, pues puede convertirse en un argumento de defensa de quien lea este libro y sea infiel: "¡Ayúdeme, doctor César Lozano! ¡Soy portador del terrible gen y enfermedad de la infidelidad!" ¡Sí, cómo no!

Perdonar o condenar... he ahí el dilema

Recientemente les pregunté a cuatro terapeutas especialistas en problemas de pareja si ellas o ellos perdonarían la infidelidad de sus parejas y mi sorpresa fue enorme cuando los cuatro me contestaron que sí.

Ante tan asombrosa afirmación, sin dudar les cuestioné el porqué de tanta seguridad y rapidez al contestar.

Los cuatro coincidieron en lo siguiente:

- El perdón es necesario para que no deje heridas o lesiones posteriores, cuyo daño es mayor que la infidelidad.

- Analizarían hasta qué grado llegó la infidelidad. ¿Se enamoró el infiel? ¿Existen nexos más fuertes que lo unan con la otra persona o fue algo pasajero, espontáneo? Con base en eso analizarían la posibilidad de reconstruir la confianza perdida.
- Se preguntarían algo que mucha gente jamás se cuestiona: ¿Contribuí en algo para que sucediera esta traición?

Tres preguntas fundamentales para sobrellevar el dolor por infidelidad.

En el momento del impacto, al saber de los hechos, no es fácil tomar decisiones basadas en la reconciliación. La reacción inmediata de la víctima de tan grave afrenta es pedir que el otro se vaya. Entra así en un proceso de pensamientos desgastantes y destructivos, además del estrés y la ansiedad que esto conlleva.

Se requiere tiempo para asimilar y controlar las emociones destructivas, tiempo que el infiel no puede soportar por la incertidumbre que conlleva. Pero lo que me queda más claro de esto es que una relación es de dos, por lo tanto, es responsabilidad de dos buscar una solución lo más justa y razonable posible.

El infiel no debe esperar que el perdón llegue de inmediato; después de "su gracia", su pareja tendrá un dolor vivo que a veces será más intenso, así que lo mejor será reflexionar sobre lo acontecido y quien sufrió la infidelidad busque primero estar en calma, consciente, en paz para decidir lo que considere mejor. Insisto, no es fácil superar estos trances, pero tampoco es imposible, así que: ¡Ya supéralo! Te propongo las siguientes estrategias:

- Tienes control sobre tus actos, palabras, pensamientos y acciones. Pero no tienes el control de lo que hacen, piensan o dicen los demás, convéncete: cada cabeza es un mundo. No puedes influir en los demás como para controlar cien por ciento su voluntad, a menos que utilices el sometimiento o el chantaje emocional. Duele preguntarse una y otra vez por qué esa persona tan amada hizo lo que causó tanto dolor, pero la realidad es que el daño está hecho.

- Evita las preguntas tontas: "¿Por qué lo hizo?" "¿Qué razones le di para que me traicionara de esa manera?" "¿Por qué fue tan insensible?" y muchas más que puedes tener en ese momento. Podrás o no tener las respuestas, pero te aseguro que las cosas no se resolverán sólo con las respuestas, pues cada quien tiene sus razones y motivos sobre lo que hizo, incluso en ocasiones ni los infieles mismos saben con exactitud la razón por la cual procedieron de esa manera.

- Evita pensar una y otra vez en lo sucedido. La mente tiende a magnificar los hechos, incluso agrega pensamientos y sentimientos de quien te hirió. A veces hasta inicias un diálogo interior donde la víctima eres siempre tú. "Descubres" las razones por las que cometió la infidelidad y, sobre todo, las suposiciones absurdas de hechos que no te constan. Te lo digo por experiencia propia, al paso del tiempo descubrí que lo que más daño me había hecho fue lo que agregué con mi mente, más que la traición.

- Dedica un tiempo al análisis y al duelo por lo sucedido. Llora tu pena, desahoga tus emociones, expresa lo que sientes con quien tengas confianza. Evita encapsular emociones que al paso del tiempo se convertirán en veneno para el alma. Si sientes la necesidad de ayuda profesional para procesar lo sucedido, búscala, pero no permitas que una etapa natural de tristeza por la decepción, el engaño o la traición, se convierta en depresión constante.

- Aprende la lección. Por más doloroso que sea el suceso, siempre habrá un aprendizaje en esta escuela llamada vida. Recordé el capítulo de un programa de televisión de chismes del mundo del espectáculo, muy visto por quienes gustan de ese tipo de entretenimiento. Un día, su conductora principal dijo algo así: "Queridos amigos, tengo que expresar que hoy es uno de los días más dolorosos de mi vida y qué mejor lugar para venir a desahogarme que aquí, donde también me siento en casa, en esta cadena de televisión llamada Univisión." Lili Estefan, la carismática conductora, expresó al borde del llanto que precisamente ese día había iniciado los trámites de su divorcio por amor a sus hijas y a su propia vida. Al ver ese episodio imaginé lo difícil que fue para ella, que da noticias similares de personajes del mundo del espectáculo, ser ahora la noticia principal. A veces nos toca vivir lo que jamás imaginamos y ser protagonistas de una historia que nunca hubiéramos querido, sin embargo, eso nos tocó y nada mejor que aceptarlo para sobrellevarlo lo mejor posible. Ante tantas cosas que he vivido al respecto y me han contado muchísimas personas, llegué a la conclusión de que la mayoría de mujeres y hombres se guardan sus sentimientos porque creen que nadie entenderá su dolor. Lo cierto es que resulta peor guardar el dolor; estoy convencido de que la gente puede entendernos, pues lo que nos hace reír y llorar a todos generalmente son situaciones similares. A pesar del dolor, siempre hay un aprendizaje. Hoy nos tocó aprender una lección, y la mejor forma de hacerlo es ver los hechos tal como son, sin necesidad de agregar suposiciones, hay que decir: "Esto es lo que me tocó vivir hoy y voy a salir de esta situación. Probablemente por el momento no veo ni el modo ni la forma, pero lo superaré. Todo pasa. Hasta el dolor, la humillación o la traición más grande, pasan. Con Dios todo lo puedo. Dios conmigo. ¿Quién contra mí?" Quienes tenemos fe sabemos que todo pasa por algo y para algo. Nos corresponde descubrir, al paso del tiempo, el para qué; te lo aseguro, tarde o temprano saldrá una razón para entender por qué me sucedió tal cosa, qué necesitaba aprender para que mi futuro sea mucho mejor que mi pasado. Nunca olvides, de la basura saldrá algo bueno para reciclar y aprovechar.

- Evita convertirte en víctima eterna: "¡Pobre de mí!" "¡No merezco esto!" Como en todos los sucesos que te comparto en este libro y en otros de mis libros, te pido de nuevo que evites convertirte en la víctima eterna, sí, aquella que se la pasa contando a todo el mundo la traición vivida y para nada merecida. Analiza quién o quiénes son los más convenientes para expresarles lo que te sucede y ya. Evita comentarlo a todo mundo, pues entre más lo hagas, más tarda el proceso de cicatrización. Deja de compadecerte una y otra vez por la injusticia cometida, mientras más lo haces, mayor es el daño a tu autoestima y, por la repetición, terminarás por creer que verdaderamente vales poco. ¡Aguas! Recuerda la siguiente ley universal: A todo lo que le des atención, crecerá. Entre más pienses en lo sucedido y te aferres al hecho, más aumentará tu dolor. Lo único cierto es que confiaste en quien no lo merecía ¡y ya! Se aprendió la dolorosa lección, ahora a evitar la lamentación constante. Hay que verse en el espejo y decir: "No me convertiré en víctima eterna. Decido enfrentar las cosas como son y no me engancho." Si con lamentarnos una y otra vez se arreglaran las cosas, estaría yo aquí sentado lamentando una y otra vez lo sucedido, en lugar de escribir este libro liberador que desea tocar favorablemente tu vida. La vida es movimiento, así que, en lugar de seguir llorando la pena por tiempo indefinido, ponte en pie y decide enfrentar y superar lo sucedido: "¡Todo lo puedo, gracias a Dios que me reconforta!"

• Perdona y perdónate. El paso más difícil, pero al mismo tiempo el más trascendente. No, no es fácil, pero quienes avanzamos en ese camino sabemos que debemos evitar que el rencor haga de las suyas conforme pasa el tiempo, pues muchas veces esos estragos se convierten en obsesiones mentales que nos impiden confiar en los demás o en uno, y lo que es peor, a veces incluso abrimos la puerta a daños mentales o físicos que nos llevan a enfermedades crónicas. Perdonar no es olvidar, no es minimizar los hechos, tampoco es signo de debilidad ni mucho menos que las cosas sigan como siempre. Perdonar es el mejor regalo que puedes darte para evitar daños permanentes. Después de todo lo vivido, ¿por qué preservar el dolor? ¿Qué afán de pensar una y otra vez en el pasado cuando fue lamentable? Estamos diseñados para vivir y disfrutar el presente, no para retroceder una y otra vez; mucho menos para revivir lo que tanto nos dañó. Por eso amo a mis perras, puede ser que no me hayan visto durante varios días, pero me reciben como si me hubieran visto ayer. Bueno, ahora Carmela, mi perrita chihuahua, no me hace fiesta por el problema de olvido que padece. Imagina que esos fieles animalitos fueran resentidos. No te volverían a querer por las horas que olvidaste darles de comer o por no sacarlos a pasear, y mucho menos por los regaños que reciben cuando hacen algo que te molesta. Perdona con la consiga de no cargar más con el agravio.

Muchos tenemos una excelente memoria, por lo tanto no le exijas a tu mente que olvide un suceso ni mucho menos te exijas que la relación vuelva a ser lo que antes fue.

Si de verdad quieres otorgar una anhelada y bendecida segunda oportunidad, lucha por recuperar la confianza siempre y cuando veas la disposición y el firme propósito de reparación del daño de quien lo profirió.

Si ves que las cosas siguen igual, la soberbia o poca sensibilidad de quien te traicionó continúan presentes, o, peor aún, no muestra ningún signo de arrepentimiento o signos de reparación del daño, ¿qué te hace pensar que tu futuro mejorará?

Es momento de hacer balance de pros y contras, analizar los daños, identificar claramente qué puedo esperar y, sobre todo, pregúntate lo más importante: ¿Merezco esta compañía? ¿Merezco mendigar afecto o amor de esta persona? ¿Es esto lo mejor para mí?

Puedes iniciar un proceso de perdón, primero pensándolo, después diciéndolo en voz alta; di te perdono y te libero, aunque al principio no lo sientas, deja que el tiempo y la fuerza de la repetición hagan lo suyo.

El poder de la intención es tremendo y te aseguro, por las traiciones que he vivido, que sí llegas a sentir el perdón.

Si te es imposible este maravilloso proceso de sanación, te pido que simplemente digas:

"Decido perdonar y dejo que la justicia Divina haga lo suyo."

¿Cómo perdonar de manera consciente a quien daña a nuestra familia? Es en esos casos donde se aplica mejor la recomendación anterior. Pero también es indispensable que dejes de flagelarte porque abriste las puertas de tu vida a quien descaradamente no lo valoró. Me regalo el perdón y digo este decreto poderoso:

"En su momento tomé la decisión que creí era la correcta.

No fue la mejor opción pero así pensé en ese instante, por lo tanto, no debo dañar más mi valía por haberme equivocado. Simplemente decidí algo y no todas mis decisiones tienen que ser perfectas.

Asumo mi responsabilidad ante lo sucedido y lo supero, porque vivir de los agravios del pasado es la peor decisión e inversión de tiempo."

Te pido que pienses en la traición que te ha costado superar y digas en voz alta lo siguiente:

"¡Decido superarlo! La gente no es ni será nunca como quiero o deseo. Se vivió algo no esperado, se aprendió la lección dolorosa, pero mi vida continúa y retroceder el tiempo es imposible. Decido no quedarme en ese pasado lamentable. Vivo en paz mi presente, hago un recuento de daños y de bendiciones. Aprendo la lección y perdono con la consigna de decidir por mi bien si continúo o no la relación, ya que es un derecho que sólo a mí me corresponde."

En conclusión:

1. La traición es un acto que violenta nuestras emociones, de nosotros depende cuánto sufrir y cómo enfrentar el dolor. Ante la evidencia, lo mejor es saber dónde nos lastima más, concentrarnos en ese filo punzante y decidir que lo mejor es soltar el dolor, el agravio, los actos de quien traicionó.

2. Duele la infidelidad, duele enterarse de que la persona que más amamos en la vida decidió buscar en alguien otra intimidad. Pero recuerda: no fallaste tú, no aceptes vivir con una carga de amargura y resentimiento que no te corresponde; si te es posible, perdona, libérate de esa circunstancia que afectó tu vida.

3. Si surge una ruptura amorosa por infidelidad, no te angusties con preguntas asfixiantes: "¿En qué fallé?" "¿Por qué no me di cuenta antes?" "¿Qué hice mal para que escogiera a otra persona?" No hagas

más hondo el abismo, ocúpate de reflexiones sanas, tú no mentiste, tú no fallaste, las personas deciden buscar o no amor o sexo en otro lado.

4. Puedes ver la traición o la infidelidad desde otra perspectiva: la persona no te engañó, rompió un lazo de confianza poderoso, es su problema, no el tuyo. Tú procuraste mantener una comunicación y una entrega amorosa, la otra persona decidió lo contrario: reitero, es su problema.

5. A veces nos toca vivir lo peor, lo más desgarrador y lo más triste, lo que nunca imaginamos que nos pasara. Ante eso, nada mejor que la aceptación, corregir lo que está en nuestras manos y avanzar. ¿Duele? ¡Sí! Hasta el alma, pero mañana no será un fracaso, será una lección de vida, y de todo se aprende.

12

YA SUPÉRALO: ¡NO TE VICTIMICES MÁS!

El victimismo te impide comprender ¡y aprender!

"Todo lo que trabajo y no me valoran..."

"Pobre de mí..."

"Nadie me comprende..."

"¿A qué vine a este mundo? ¡Claro! ¡A sufrir!"

"Tú eres la cruz que vine a cargar..."

Si en este momento te pidiera que describieras todas las razones por las que sientes que la gente o la vida no te ha dado lo que mereces, estoy seguro de que llenaríamos una o varias hojas de este libro.

La vida no es ni será perfecta y siempre habrá circunstancias que te hagan dudar incluso de la existencia de un Dios amoroso y misericordioso que nos dio la vida para ser felices.

Somos protagonistas de una historia, y tú eres el actor principal de tu propia vida. Por qué tomar el rol de víctima si puedes ser el héroe de todo lo que vives, pero no porque solucionaste todo lo que enfrentaste, sino porque siempre mantuviste la voluntad y la fe para que las cosas mejoraran.

Imposible solucionar el sinfín de adversidades que enfrentamos, pero sí es posible modificar nuestra actitud ante cada una y, sobre todo, dar ejemplo a quienes nos rodean de buena actitud y confianza; ejemplo que generalmente no percibimos, incluso no sabemos que podemos ser una referencia de actitud positiva ante los que perdieron la esperanza.

¿Cómo reaccionaría mi papá si tuviera este problema?

Mi papá difícilmente se preocupaba por las tragedias que vivía, o si lo hacía, no me daba cuenta. Situación que a mi madre la encrespaba porque la que se convertía en un manojo de nervios era ella. Mi papá hacía aún más poderosa la frase: "Si tu mal tiene remedio, para qué te preocupas, y si no, también."

A Dios gracias que mi padre no dejó dinero ni propiedades, no me quiero imaginar las broncas o conflictos que se hubieran armado por tal situación en mi familia. Sin duda, su mejor legado fue su capacidad de enfrentar los retos que tuvo, por ejemplo, las crisis laborales con sus consabidas afectaciones económicas. Nunca lo vi ansioso o preocupado, ¡dormía como si no debiera! Mientras mi madre se la pasaba rezando porque al día siguiente podía llegar la amenaza de embargo de las pocas pertenencias que tenían, mi papá roncaba como si nada ocurriera.

En la mañana de ese día mi madre, desvelada, eternamente mortificada, le preguntaba con notable nerviosismo: "¿Qué vamos a hacer, Antonio?" A lo que mi papá contestaba con aquella tranquilidad digna de envidia: "Ya veremos..."

Desayunaba tranquilo y se iba a buscar una solución a la crisis que, dicho sea de paso, siempre fue solucionada.

Gracias al ejemplo y a la actitud de mi padre estoy seguro de que quien toma las adversidades con calma y fe las soluciona más fácil que quienes entran en un estado de alarma máxima, con ansiedad, nerviosismo o pánico.

Entrar en victimismo nos hace sentir que las crisis nos superan y escapan de nuestro control, y si pensamos de esta forma, sentimos que no podemos hacer absolutamente nada al respecto.

¿Será algo irracional? Yo creo que sí. Nuestro cerebro entra en un patrón de estrés tan grande que impide encontrar soluciones para salir de la situación que tanto daño nos causa, y si a eso añadimos los conflictos que quizá acarreamos de mucho tiempo atrás, entramos en un proceso de victimismo crónico.

¿Quién podría considerarse víctima crónica? Las personas que afirman que todo lo malo que les sucede es por culpa de los demás, de esta forma evaden su responsabilidad y se niegan a tomar decisiones.

"Todo lo que me pasa es por culpa de..." Y aquí inicia su listado de verdugos (la mayoría de las veces imaginarios) que le han desgraciado la vida:

"Mi papá, que nunca me quiso..."

"Mi mamá, que quería más a mi hermano..."

"Mi jefe, quien desde que entré aquí me ha hecho la vida imposible..."

"La bola de víboras con las que trabajo, que hablan a mis espaldas y se ensañan una y otra vez conmigo..."

"Mi pareja, que nunca me ha querido..."

"Mis hijos ingratos, malagradecidos, que se olvidan de mí..."

"Dios, que se ha ensañado conmigo probando mi fe..."

Y la lista puede continuar, incluyendo vecinos, conocidos y varios desconocidos que ahora conoces mejor por todo el daño que han hecho a estas víctimas crónicas.

Analiza el lenguaje *victimizador*. Éstas son las palabras que nunca faltan en quienes se convierten en víctimas crónicas: siempre, nunca, jamás, todos, nadie...

Que quede claro, la atención de quienes son víctimas crónicas o eternas está basada en la desgracia. Tienen una lupa imaginaria para buscar y buscar desgracias y culpables para después tener un gran sentimiento de dolor y tristeza por lo poco comprendidas que son.

Son buenísimas para justificar la saña de la que han sido víctimas una y otra vez, compartiendo amplias explicaciones que dejen poca posibilidad a su responsabilidad en el hecho.

"*Jamás* pensé vivir esto. Desde que me casé noté que no me quería, pero *siempre* creí que con mis cuidados y mi amor iba a cambiar. Pero *nunca* ha valorado lo mucho que he hecho. *Siempre* busca razones para criticarme, si lo único que hago es buscar su felicidad. Cuando nacieron mis hijos *siempre* se olvidaba de mí y *nunca* se preocupaba por mi bienestar. Me queda claro que *jamás nadie* verá por mí. Y *todos* estarán en mi contra por sentir esto, por eso estoy seguro de que *nunca* seré feliz a su lado, pero *jamás* estaría dispuesto a divorciarme porque en mi casa me enseñaron que el matrimonio es un vínculo para toda la vida, tengo que amarla como es y ni modo, ésa será *siempre* mi cruz."

Y cuando alguien procura ayudarlas a encontrar una solución, buscan en su imaginación las respuestas que las libren de una responsabilidad:

—Procura hablar con ella y dile cuánto significa para ti.

—No, ya he intentado todo y no funciona...

—¿Por qué no se van de vacaciones solos para hablar con calma al respecto?

—No, ella es muy mamá y *nunca* dejaría a nuestros hijos al cuidado de nadie...

—Si de verdad la amas, siempre encontrarás una forma para salvar la relación.

—Pues sí, la amo, pero estoy seguro de que ella a mí ya no...

Y si por casualidad alguien les abre los ojos diciendo algo como lo que escribo a continuación, que tiene que ver con su responsabilidad, pueden reaccionar con indiferencia o enojo:

"Mira, una relación es de dos, y todo lo que pasa en pareja es responsabilidad de dos. En el amor todo lo que pasa *lo provocas o lo permites*. Así que algo provocaste tú o permitiste tú para que surgieran todos esos conflictos. Y, a final de cuentas, ¡tú decidiste unirte a esa persona!" ¡Zas!

Entonces la víctima responde: "Pues sí, tienes razón, a ver qué pasa...", pero se rehúsa a tomar responsabilidad en el asunto.

O bien te da una respuesta agresiva: "¡Lo que pasa es que tú no sabes ni conoces todos los detalles, que prefiero omitir!"

Y ahí tienes en plenitud a la víctima eterna que se resiste a tomar las riendas de su vida y manipula constantemente a su inconsciente para convencerlo, una y otra vez, de que las acciones de los demás la dañan irremediablemente y nada ni nadie podrá sacarla de ese lamentable estado.

"Mira lo que he sufrido con tu papá y tú nunca vienes a verme y, para colmo, te pones de su parte..."

"Tanto que me sacrifico por todos los de esta empresa y mira cómo me pagan..."

"He dado todo por mis hijos y mira cómo me tratan..."

"¡Ingratitud! Eso es lo que me da la vida, ¿qué más se puede esperar de este valle de lágrimas...?"

No les quito peso a estas quejas que tanto dañan nuestra valía, pero es mucho más saludable no expresar estas frases lastimeras, de nada sirven, sólo nos impiden reaccionar, enfrentar el conflicto, si es que existe, ¡y resolverlo!

Es muy diferente la forma de expresarse de quien reconoce lo que vive, pero le agrega algo que lo lleve a la acción, con las mismas frases te lo digo:

"Mira lo que he sufrido con tu papá, pero sé que todo es por algo y para algo. Entiendo que puedes tomar partido, si así lo deseas, pero yo siempre te voy a amar."

"Tanto que me he sacrificado por la empresa y ahora toman decisiones que para nada me favorecen, y si alguna de ellas me afectara de tal manera que no sea parte de este proyecto, ¡sin duda vendrá algo mejor!"

"Claro que he dado todo por mis hijos, ¡y no me arrepiento! Y si ahora no ven mi entrega y dedicación, algún día todo lo comprenderán."

Diferente forma de expresarse, ¿no?

Intento con esto que hagas un esfuerzo por escucharte y analizar las palabras que utilizas para expresar tus sentimientos.

Quiero compartirte una maravillosa reflexión que me enviaron, desconozco su autor, pero al leerla te darás cuenta de que siempre estará en ti cambiar en forma positiva tu manera de expresarte.

Cuenta la historia que un famoso escritor, haciendo un recuento de las experiencias vividas, narró:

"El año pasado tuve una cirugía y me quitaron la vesícula biliar. Tuve que quedarme en cama por un largo tiempo.

También el año pasado cumplí 65 años y tuve que renunciar a mi trabajo favorito. Permanecí 30 años de mi vida en la misma editorial y ahora me tuve que jubilar. El mismo año experimenté el dolor por la muerte de mi padre. Mi hijo fracasó en su examen médico porque tuvo un accidente de automóvil y estuvo hospitalizado durante varias semanas. El auto sufrió pérdida total."

Al final escribió: "Sí, ¡fue un año de terror!"

Cuando la esposa del escritor entró en la habitación, lo encontró triste y meditabundo. Le pidió el papel que había escrito y lo leyó en silencio. Salió de la habitación y volvió con otro papel. Lo colocó al lado del de su marido.

Cuando el escritor vio el papel, se encontró con el siguiente escrito:

"El año pasado finalmente me deshice de mi vesícula biliar, después de pasar años con el dolor. También cumplí 65 años con buena salud y luego de un fascinante tiempo laboral, me retiro dando espacio a otros y para utilizar mi tiempo dedicándolo a mi familia y amigos, a hacer el bien a los demás, a obras de caridad, a rezar y para escribir con mayor paz y tranquilidad. También, el mismo año, mi padre, a la edad de 95 años, sin depender de nadie y sin ninguna condición crítica, murió. Se podrá encontrar con sus propios padres, amigos y tantos otros que lo esperan en el cielo.

Y el mismo año, Dios bendijo a mi hijo con una nueva oportunidad de vida. Sufrió un gran accidente, pero providencialmente se salvó. Tuvo que estar en el hospital, con un pronóstico grave, pero se recuperó."

Y para terminar el texto, su señora escribió: "Sí, fue un año de ¡inmensas bendiciones de Dios!"

¿Qué te pareció? Los mismos hechos pero con muy diferente punto de vista.

Y tal vez no lo sepas pero asumir el papel de la víctima también trae consigo estrés y padecimientos físicos que ¡tú creas, alimentas y fortaleces! Desgastan a quienes te rodean y, sobre todo, te afectan a ti. ¿Qué ganas dañando tu salud? Porque el victimismo, en numerosas ocasiones, deriva en dolores de cabeza, de estómago, ansiedad, migraña, insomnio... Y sobre esto último déjame decirte que no dormir bien no sólo produce cansancio al día siguiente o nerviosismo. Pon atención a lo que el experto en materia de sueño y descanso, el neurólogo W. Chris Winter, afirma: "Los efectos de una mala calidad del sueño probablemente son más dañinos para nuestro corazón y sistema circulatorio. En millones de estudios se ha demostrado que una mala calidad de sueño aumenta el riesgo de padecer ataque cardiaco, presión alta, falla cardiaca e infarto." ¡Zas! Así que mejor bájale a tu victimismo y decide la calma, las buenas vibras, el soltar lo que no puedes resolver y una vida saludable.

Tipos de victimismo

Ten cuidado con las palabras que dices. "Lo que nace de tu boca, de eso estará lleno tu corazón." Frase bíblica que expresa una gran verdad. Por lo tanto, si es necesario actuar lo que no sientes, si es para bien, hazlo; decir lo que no nace de tu corazón, pero con una intención noble, dilo, para que se convierta en un decreto poderoso que pueda cambiar tu estado de ánimo y tu visión de futuro.

Si en el fondo de nuestro corazón todos sabemos esto, ¿por qué la mayoría de la gente que conocemos actúa como víctima? Porque de seguro obtienen algunos beneficios que les permiten seguir como víctimas.

Un nuevo victimismo: en redes sociales

Recuerdo que un día, mientras estaba de gira (para variar), al revisar mis redes sociales, leí un mensaje que decía: "Me quiero morir." ¿Qué? ¿Quién publicó esto? Mayúsculo fue mi asombro cuando vi que era mi querida sobrina Vicky, de inmediato le marqué, quería hablar urgentemente con ella. No me contestó. Con mucha ansiedad busqué a mi hermano Jorge, su papá, tampoco contestó. Esos minutos se me hicieron eternos, hasta que por fin ella se comunicó conmigo, muy intrigada.

"¡Preciosa! ¿Por qué publicaste eso? ¡¿Por qué te quieres morir?!" Y sin darle tiempo a su respuesta empecé con mi letanía: "Nada ni nadie merece que atentemos contra nuestra vida, Dios nos la dio y sólo Él puede disponer de ella, por ningún motivo pienses que lo que te sucede no tiene solución. ¡Todo pasa, preciosa! Te aseguro que al paso del tiempo verás las cosas de manera diferente..."

"¡Tío! No tengo nada. Fue un decir porque no encuentro a mis amigas, estoy en un centro comercial y no sé dónde están."

Ya te imaginarás el rumbo que tomó ahora mi sermón. Le dije que eso no se publica, el susto que me dio y demás.

Obvio, los adolescentes y jóvenes utilizan un lenguaje que, si no estamos en su mundo, puede causarnos ruido, pues dicen cosas como "me dejó morir", traducción: me dejó plantado.

"GPI", traducción: gracias por invitar, dícese igual si te invitaron o no fuiste requerido en algún lugar.

Obviamente la intención de mi querida sobrina no fue el victimismo, pero existen mensajes que sutilmente sí lo son:

Victimismo de soledad: fotografía de alguien viendo una ventana con el texto: "Aquí sola, viendo pasar la vida." Publicada por alguien que acaba de sufrir un descalabro amoroso.

Victimismo de posible enfermedad o accidente: la imagen de un brazo con un suero. Y no pone ningún texto. Objetivo: causar intriga. "¿Qué te pasó?", "¿Te enfermaste?", "¿Tuviste un accidente?", "¿Dónde estás?" Y ya que deja pasar un tiempo de especulación, publican un mensaje kilométrico diciendo que tuvo una descompensación por equis situación "pero ya estoy mucho mejor. Gracias por todos sus mensajes de apoyo en esta situación tan difícil que hoy me tocó vivir". ¡Zas!

Victimismo silencioso: "Por razones personales he decidido no publicar nada en mis redes sociales durante los próximos días. Espero su comprensión."

Me pregunto si no sería más sencillo sólo no publicar nada y ya.

Pero, ¡ah no! Causemos cierta especulación para que la gente nos pregunte cuáles son esas razones personales que obligan a no publicar nada. "¿Qué le habrá sucedido?" "¿Se habrá peleado otra vez con el marido?"

Victimismo por traición: "Tu hipocresía es evidente. Despístale, ¿no?"

¡Ups! "¿Quién será el hipócrita?" Qué necesidad de hacernos partícipes de tu desilusión, si rara vez te vemos.

"Ahora que estoy súper fitness no falta quien goza aventando su odio."

Y ponen una foto con ropa mega ajustada, las nalgas paradas y con caras de inocente.

Victimismo de desilusión: como este mensaje que acabo de leer en Facebook: "Triste realidad darte cuenta con quién no cuentas en los momentos más terribles."

¿Qué momentos? ¿Qué te sucedió que es tan terrible? ¿Con quién no cuentas? ¿A quién fue dirigida esa misiva?

Victimismo al usar en exceso cadenas de oración: ¡Claro que creo en las cadenas de oración! Creo en la necesidad de pedir a los demás ayuda espiritual en los momentos difíciles, ¿pero a cada rato? ¿Oraciones por todo y para todo?

"Hola, les pido una oración por mi sobrinito que tiene gripa."

"Una oración por mi perrita que va a tener perritos."

"Les pido una oración por mi examen de mañana ya que no estudié nada."

"En el hospital. Les pido sus oraciones."

Esta última a veces hasta es irresponsable por la preocupación que despierta en los demás, pues luego de publicar el mensaje, silencio total durante uno o dos días. Se forma un cúmulo de preguntas para saber por qué está en el hospital. Y nada. Silencio total.

A los dos días publica: "Gracias por sus mensajes pero no es nada grave. Vine a hacerme un check up y gracias a Dios todo salió bien. Sólo un poco elevado el colesterol." ¿Así o más víctima?

Y así seas o no figura pública, procuramos poner frases que causen la conmiseración de los demás, a veces con el afán de que sepan todos lo mal que la estoy pasando. Pero no es más que otro signo de llamar la atención y traducirlo en un lamentable victimismo.

Claro que ser víctima tiene sus "beneficios":

1. Logro llamar la atención de quienes me aman

Al lamentarme por lo que sufro, por supuesto muevo las fibras del corazón de quienes se preocupan por mí. Busco constantemente la empatía para que piensen en lo que siento e imaginen lo que vivo. Logro la atención que tanta falta me hace, consigo que volteen hacia mí para ver en qué me pueden ayudar y, si no hay manera, consigo tenerlos a mi lado para que hagan lo que necesito, que es el siguiente beneficio.

2. Tengo más posibilidades de que hagan lo que yo quiero

Y cuando se trata de chantajear a los demás, el victimismo siempre será una excelente opción, ya que sufro mucho y deseo que hagan algo por mí.

Logro que la gente haga lo que deseo al mostrar las heridas que cargo, fruto de la insensibilidad de todos.

3. Evito tomar decisiones favorables para cambiar mi realidad

Ser víctima eterna no permite salir de este estado lamentable. Puede ser incluso adictivo para estas personas entrar a una aparente zona de confort, pues se quedan con la idea equivocada de: "Sufro y sufro, pero no puedo hacer nada para remediarlo."

Para superar el victimismo te recomiendo:

- **Recupera el control**
  No puedo ni debo permitir que nada ni nadie sobrepase mis límites. Los límites los pongo yo, no las circunstancias ni las personas. Soy dueño de mis acciones y de mis decisiones, decido por mi bien salir de esta situación desfavorable. Probablemente en este momento no sé qué pasará después, pero la decisión está tomada. Decido recuperar el control de mi vida y para eso encontraré alguna solución. Soy el artífice de mi vida, el protagonista de mi historia y decido que todo lo que venga sea para mi bien y me rehúso a ser víctima de todo lo que me sucede. Alguna solución habrá y llegará en su momento.

- **Sólo por hoy**

  Bendita estrategia utilizada para salir de la depen-
  dencia de sustancias y personas. Sólo por hoy no
  seré víctima de lo que me ocurre. Dejaré de lamentarme por las cosas vividas y de visualizar de manera catastrófica mi futuro. Me enfoco en mi presente,
  que es lo único que realmente tengo.

  Sólo por hoy seré optimista.

  Sólo por hoy haré lo que esté en mis manos para
  mejorar mi presente.

  Sólo por hoy decido poner al mal tiempo buena cara.

- **Controlo a la loca de la casa**

  Basándome en el principio de que un pensamiento provoca un sentimiento, procuraré modificar los
  pensamientos que me hacen sentir mal. Decido modificar mis pensamientos derrotistas, fatalistas y negativos.

  Les digo ¡basta! cuando se presenten y procuro
  pensar en lo que sí depende de mí, siempre con la
  consigna de ser optimista. Pensar en negativo o en
  positivo depende única y exclusivamente de mí. Por
  mi bien, decido pensar en lo mejor que puede ocurrir-
  me, incluyendo quitar poder a lo que me victimiza.

- **Trabajo mi autoestima**

  Impulso mi amor propio, me quiero, me perdono y me
  consiento. Reconozco que no soy perfecto y que todo
  pasa. Valgo mucho, merezco mucho por ser hijo de
  Dios.

  Nuevamente recurro a frases que me den fuerza:
  "Todo lo puedo en Dios que me fortalece."

> "Mi vida vale más que todos mis problemas."
>
> "De peores he salido."
>
> "No es lo que me pasa, lo importante es la reacción que tengo ante lo que me pasa."
>
> "Esto es temporal."
>
> "Todo, absolutamente todo, pasa para quienes tenemos fe."
>
> - **Decido cuidar mi cuerpo, mi mente y mi entorno**
>   Una decisión importante cuando se trata de mejorar nuestra vida. Todo está sujeto a mejorar incluyendo la calidad de vida que decido tener.

Hace unos meses viví una crisis familiar de ésas que nunca imaginas padecer. El estrés y la incertidumbre se hicieron presentes, así como la incapacidad de encontrar una solución inmediata. Hice el firme propósito de procurar un análisis real de lo que sucedía sin necesidad de agregar frases fatalistas o lastimeras sobre por qué tenía que vivir algo así.

Me fui a los hechos y dije, esto es lo que me tocó vivir. El estrés ocasiona debilidad, ansiedad y, en mí, pérdida de apetito.

Decidí no agravar la situación evitando dañar más mi cuerpo y mi mente.

Me hidraté más de lo habitual, procuré con más conciencia consumir verduras, frutas y las vitaminas que adicionalmente tomo. Chequé mi alimentación más de lo normal porque mi cuerpo estaba en una etapa de tensión, estrés y ansiedad, un coctel que es muy propicio para el desarrollo de enfermedades de todo tipo, ya que las defensas del cuerpo se ven afectadas.

Para ser más claro, en etapas de crisis procuro cuidar la calidad de mis alimentos y de lo que pienso, con el fin de evitar más estragos por la situación que en ese momento me toca vivir. ¿Qué hacemos cuando tenemos un conflicto grave? Precisamente todo lo contrario, dejamos de comer, nos descuidamos, y si hacíamos periódicamente algo de ejercicio, durante esos días de conflicto decimos que no hay tiempo ni para eso, incluso muchas veces nos encerramos en nuestro conflicto sin platicar con nadie, descuidando nuestro entorno.

Es fundamental hablar con alguien digno de confianza, expresar lo que sentimos y dejar que las emociones fluyan, para evitar el efecto olla exprés, donde la acumulación de emociones termina por hacernos explotar anímicamente. ¿Así o más claro?

En conclusión:

1. Quien asume el papel de víctima termina por cansar y alejar hasta a su familia. No está mal que te preocupes por los demás, lo malo es vivir historias y situaciones que no existen, que exageres tus preocupaciones.
2. Si eres víctima de tiempo completo te pasará lo mismo que a Pedro, el de la bella historia "Pedro y el lobo". Cuando realmente quieras transmitir una emergencia, ¡nadie te creerá!
3. Trabaja con tu autoestima, reconoce que eres una persona capaz, asertiva y dispuesta a dialogar con los

demás. Olvídate de las quejas, los resentimientos, las malas vibras. ¡Enfócate en ser mejor cada día!

4. Cuando te asumes como víctima eterna no das una buena impresión, ¡das lástima! ¡Sopas! Y no creas que una persona que se queja de todo y por todo, que se hace menos o se hace la sufrida, logra la atención de los demás, al principio se acercarán, ¡después huirán!

5. El estrés ocasiona debilidad y ansiedad. Si lo mezclas con el victimismo obtendrás un coctel para fulminar tu actitud positiva y sólo te sabotearás sin remedio.

13

YA SUPÉRALO: DECIDE POR TU BIEN

Convicción: para una buena decisión

Hasta el no tomar decisiones es una decisión.

Me pregunto cuántas veces he postergado la toma de decisiones por mis miedos.

Miedo a actuar.

Miedo a decir lo que siento, aunque a veces duela.

Miedo a herir por mis decisiones.

Miedo a arrepentirme después.

Miedo a no ser el ejemplo para quienes me admiran o creo que me admiran.

Miedo al qué dirán.

Miedo a las consecuencias de mi decisión.

Mientras escribo este capítulo siento que las adversidades pueden llegar a superarme, tanto, que crea, incluso, que en realidad no tuve un buen corazón o, al contrario, que por tenerlo confié en quien no debía.

No, no es fácil darte cuenta de que la gente que significa mucho en tu vida puede convertirse en alguien que nada tiene que ver con quien conociste en su momento. Claro que la gente cambia, mi nivel de tolerancia ha cambiado, mi capacidad de perdón se ha mermado y probablemente mis acciones no son tan nobles y asertivas como he creído.

Me convenzo de que todo pasa por algo, para algo, y para quienes tenemos fe, lo bueno siempre está por venir.

Ante cualquier adversidad es necesario hacer un recuento de bendiciones o de todo aquello que SÍ tengo, que pudo lograrse y que sí vale.

Ese recuento es necesario para no tomar decisiones precipitadas que nos lleven al arrepentimiento. Un recuento nacido desde el amor con el que fuimos creados y para lo que fuimos creados.

Pero también, justo es decirlo, es necesario un recuento de los daños.

Hasta este momento, ¿qué daños se han ocasionado por mis palabras y acciones o las de otros? ¿Cuál ha sido mi responsabilidad? ¿Qué acciones han tomado otros para que me encuentre en estas condiciones?

Enfrentarse a los verdaderos daños es lo que nos impulsa a tomar las mejores decisiones por nuestro bien y el bien de los involucrados.

"De tanto servir agua a los sedientos me he quedado sin una gota para mí" es una frase muy dura, pero en muchas ocasiones cierta.

Habla de una deshidratación totalmente provocada por tanto dar y no prever.

Qué bonito es servir, ayudar, escuchar, contribuir y compartir. Sé que es la mejor forma para trascender en la vida y encontrar la felicidad de una manera más rápida y segura. Pero ¿quién da lo que ya no tiene?

No sé si ya lo viviste, pero hay momentos en la vida en los que te sientes totalmente deshidratado, sin una gota para dar y compartir, y son esos momentos donde valoras lo que es la estabilidad emocional, el amor de quienes verdaderamente te acompañan.

Por eso el recuento de daños afectivo es saludable: ¿El amor que das es recíproco? ¿Te quieren o te aguantan? ¿De verdad cuentas con quienes crees? ¿Son amigos o conocidos? Duele enfrentarse a la verdad, pero reitero, el recuento de daños y bendiciones ayuda significativamente para tomar mejores decisiones que cambien el rumbo de tu vida por tu bien.

Bendita conciencia que nos permite elegir para estar en paz y con una vida saludable, que algunos llaman egoísmo positivo y el cual tenemos sólo ocasionalmente, en el que volteas a tu interior para analizar qué necesitas realmente. Me toca ver por mí y no sólo por los demás. Recuerda la frase: "Nadie da lo que no tiene." Por eso, a partir de hoy, es momento de poner en movimiento esta frase tan significativa que te ayudará a retomar el camino correcto hacia la abundancia personal y volver con quienes tanto amas.

Y para reforzar la decisión de buscar siempre lo mejor para uno mismo, te comparto este consejo muy valioso de Phoebe Lapine, escritora sobre gastronomía y salud, y experta en el tema del bienestar, que viene en su libro *Bienestar total*: "Crea afirmaciones. Esas intenciones escritas te permiten impregnar el día con el poder de la positividad. Si te gusta planear por anticipado, como yo, simplemente tómate cinco minutos al comienzo de la semana para pensar en lo que más deseas lograr. Escribe tus metas en un lenguaje propositivo y léelas cada mañana." Con el tiempo las afirmaciones serán parte de tu rutina y verás resultados que, sin duda, te beneficiarán y harán de ti una persona más segura.

¿Por qué ese miedo de alzar la mano?

Lo dije al principio de este capítulo y lo reitero: "Hasta no tomar decisiones es una decisión."

Cuántas veces no ha pasado que por quedarnos callados perdemos una oportunidad en la escuela o en lo laboral. Que por no decir lo que sentimos la persona a la que amamos se aleja y no la volvemos a ver. Cuántas veces por miedo decidimos no arriesgar y después nos damos cuenta, demasiado tarde, de que teníamos todo por ganar.

El miedo a decir lo que sentimos, la pena que nos invade cuando creemos que decir nuestra verdad dañará la estima de otra persona, aunque nosotros estemos llenos de dolor y duda. El miedo a aceptar una relación afectiva porque nos sentimos menos que el otro o la otra, el miedo al qué dirán si me pongo este vestido, si le digo a mi jefe que soy capaz de este reto, si le hablo para disculparme y me manda al diablo...

Te cuento una historia que me pone a pensar muchas cosas sobre la importancia de decidir y apostar por nuestros sueños.

Mónica es una gran diseñadora de modas, es una mujer de 37 años —su rostro hermoso y blanco, con muy escaso maquillaje y los ojos un poco rasgados, la hacen ver mucho más joven— con gran experiencia en el mundo del modelaje, el diseño y la creatividad en el vestir. Trabaja en una firma francesa instalada en México desde hace muchos años y en sus hombros recae la responsabilidad de ofrecer los modelos que serán innovación en prendas femeninas para las temporadas verano-otoño del año siguiente, esto es, que trabaja con un año de anticipación con los vestidos, blusas, mantos, faldas y ornatos delicados que harán la delicia de las mujeres adeptas al mundo de la moda.

Sus amplios conocimientos, su discreción y su eficacia la convirtieron, con el paso del tiempo, en una de las personas más valiosas del área de creatividad y de la empresa, una de las empleadas más queridas no sólo por su excelente trabajo, también por su calidad humana.

Es una mujer muy tranquila y muy seria, incluso penosa. Aunque no es de fiestas y festejos en grupo, siempre tiene una sonrisa franca y dulce para quien se acerca a ella. Lleva poco más de 15 años en la compañía y ha visto pasar a varios directores, quienes siempre dedicaron comentarios luminosos a su trabajo y a su persona.

Por su eficiencia y elegancia en los diseños que realiza, es la compañera perfecta en el área de creatividad. Pero en ese rostro dulce y amable, en ese gesto gracioso y pálido se esconde la timidez extrema, el miedo latente a levantar la voz ante decisiones con las que no está de acuerdo. Mónica ha sido obligada a cambiar sus diseños por la necedad de un ejecutivo comercial o el capricho de una promotora internacional, y aunque su trabajo era el indicado decidió callar y reemplazar sus creaciones.

Un suceso caló muy hondo en su corazón: Mónica ayudó muchísimo a una joven diseñadora que apenas empezaba en el mundo de la moda a aprender el oficio. Le compartió sus secretos, le propuso trabajar juntas en proyectos y le dio toda la información sobre ilustradores, creativos y expertos en moda y estilo a nivel internacional. Fue tanta la confianza de Mónica que un día le confesó que desde hacía algunos años estaba preparando una pasarela de colores contrastantes que bien podía ser un éxito rotundo o el más severo fracaso. Cuando la amiga vio las creaciones de Mónica quedó literalmente alelada, toda impresionada y con la voz temblorosa, le dijo: "¡Son geniales tus creaciones! ¡Tienes que proponerlas ya para la siguiente temporada!" La amiga le dijo que incluso los modelos que vio merecían una campaña de *marketing* extra por su originalidad y belleza. Mónica se puso roja ante los elogios y le propuso que hicieran juntas la propuesta. La amiga se sorprendió y emocionada le dijo que estaba de acuerdo, ya que, como bien sabía, a Mónica le costaba trabajo hablar en público o confrontar a los directores, ella la acompañaría. Entonces Mónica la miró y no supo qué decir. El caso es que como no queriendo, la amiga le pedía que le dejara ver de nuevo la serie que había trabajado con tanto talento, hasta que logró que le diera una copia "para apreciarla con calma".

Un buen día, después de la comida, la amiga pasó frente a Mónica sin detenerse, quien la notó apresurada y nerviosa con su bolso y unas carpetas, como si fuera a salir. "¿A dónde vas?", preguntó Mónica, pero su amiga sin detenerse volteó muy rápido y le dijo "chao, Mony, te cuento luego..."

El viernes al mediodía dos compañeros de Mónica se acercaron para decirle: "¿Sabes lo de nuestra querida compañera?" Mónica levantó la mirada de sus dibujos y extrañada preguntó que si sabía lo de qué o de quién. Sus compañeros le dijeron que su amiga les presentó a los directores de planeación internacional unos diseños que serían la sensación de la siguiente campaña, incluso se reproducirían en España y, mínimo, en algunos países de Sudamérica. "Es más, hasta tú saliste ganando Mónica, porque nuestra exitosa compañera les propuso a los directores que tú le ayudes en la coordinación del proyecto, cosa que suponemos no será tan difícil por tu experiencia y dominio de los temas." "¿Y de qué se trata el proyecto?", preguntó extrañada Mónica. Sus compañeros le dijeron que abriera su mail, que hacía 10 minutos la dirección había mandado el comunicado. Mónica tuvo un desvanecimiento, sus compañeros se asustaron mucho, poco a poco volvió en sí, estaba confundida, no podía creerlo, era su proyecto. "¿Estás bien, Mónica?" "¿Quieres que te llevemos a tu casa?"

Pasaron 10 o 15 largos minutos y Mónica les dijo que estaba bien, que no se preocuparan, que la noticia la había sorprendido mucho, que sólo necesitaba beber un poco de agua. Mientras una diseñadora se apresuraba por llevarle un vaso de agua, sus otros compañeros la veían entre asustados y preocupados. Entonces Mónica abrió el cajón de hasta debajo de su escritorio y empezó a sacar los bocetos del proyecto que había presentado su amiga. Sacó los primeros dibujos, los esquemas y las viabilidades, las acuarelas cuidadosamente resguardadas por hojas blancas y numerosas fotografías de las prendas confeccionadas. Se levantó con todo el material y fue a dejarlo al escritorio de su "exitosa y gran amiga", lo acomodó con mucho cuidado ante la mirada atónita de sus compañeros y sólo les dijo: "Estos materiales no los usaré ya más."

Al día siguiente la noticia era sabida por todos. "¿Y no le dijiste nada, Mónica?" Le preguntaban indignados sus compañeros y ella sólo decía: "No, es su problema, no quiero hablar más de eso..." Y volvía a su discreción, a su timidez y silencio. Dejó de hablarle a "su amiga", continuó con su trabajo y con los meses olvidó el incidente.

Cuando su jefa y directora inmediata fue despedida por diversos motivos, todo mundo se acercó a Mónica para decirle: "¡Vas, te toca!" "Nadie mejor que tú para la dirección." "Es tu turno, querida Mónica." "Habla con el director,

¡el puesto es tuyo!"... Pero las personas que trataban de impulsarla sólo lograban confundirla y llenarla de más temor e inseguridad, hubo quienes fueron directos con ella y casi la obligaron a pedir la cita para postularse... pero ganó la timidez y Mónica no se postuló.

Los directores tenían muy claro que esa unidad no podía estar sin cabeza y buscaron un director externo, quien conocía el negocio de manera superficial y al que Mónica tuvo que enseñar, actualizar, incluso resolver sus novatadas. Hasta la fecha, Mónica trabaja en esa compañía, no guarda rencores, no espera un ascenso, su sencillez, belleza y timidez aún la distinguen y pocos saben que en ocasiones se lamenta por ese miedo que le impide decidir, reclamar, imponer sus conocimientos, alzar la mano y actuar con convicción.

Escribir esta historia me dolió mucho, pues conozco de cerca a esta persona y me gustaría que la vida tuviera un trato más justo con ella porque de verdad es brillante, talentosa, de gran capacidad creativa, incansable y, lo más importante, esta mujer es un extraordinario ser humano.

¿De verdad quiero tomar mejores decisiones?

Las siguientes preguntas te ayudarán a tomar la mejor decisión ante cualquier adversidad:

¿Qué situaciones puedo cambiar para obtener mejores resultados?

Incluyendo hábitos destructivos como la desorganización y la irresponsabilidad, el mal carácter, la ira descontrolada, el poco tiempo dedicado al sueño y al descanso, la mala alimentación, la mala vibra de quienes creo que son importantes en mi vida.

¿Qué sentimientos negativos albergo en mi corazón, fruto de situaciones que podría cambiar?

El enojo constante, la crítica destructiva, el rencor acumulado, la envidia por lo que no puedo tener... son sólo algunos de los múltiples sentimientos que pueden estar llenando mi mente y mi corazón.

¿Desde cuándo permitiste que se apoderaran de ti?

¿Me estoy convirtiendo en la peor versión de mí? ¿Qué o quién contribuye a tener un cambio de tal magnitud?

Por tu bien, decide modificar las emociones tóxicas que tanto daño te causan; cada parte de tu cuerpo es afectada por su presencia y depende de una decisión tajante, certera, ya no permitir que llenen tu ser y tu corazón. Por tu bien, hoy decide no dar rienda suelta a emociones desgastantes. Por tu bien, no permitas que las cosas dañinas sobrepasen tu capacidad de amar y perdonar.

¿Qué tengo que decir desde hace tiempo y lo he postergado?

Ese lamentable hábito de la postergación nos hace creer que no es el momento de decidir o actuar, y por dejarlo para después nunca lo haces y la infelicidad permanente se apodera de ti.

Es buen momento para detener la lectura de este libro y responderte con sinceridad: ¿Qué situaciones, personas o cosas te han limitado para que no tomes decisiones? ¿De dónde nace el temor para tomar decisiones por tu bien? ¿Qué te hace creer que las circunstancias cambiarán a tu favor, como por arte de magia, y que lo que a leguas se nota que no se modificará solo, cambiará simplemente porque lo deseas, pero no actúas?

No permitas que el tiempo avance y te conviertas sólo en espectador de la película de tu propia vida. No es justo que todo mundo decida por ti y tus miedos te limiten a modificar tu propia realidad.

¿Cuáles de mis pensamientos repetitivos me afectan emocionalmente?

Nos convertimos en lo que más pensamos. Entre más pienses en lo malo y lo peor, más lo atraes a tu vida.

Analiza la calidad de tus pensamientos negativos y fatalistas y pregúntate una vez más si mereces sentirte así. Pensamientos que aún guardas en tu mente, ¡pues tú eres dueño de tus pensamientos! Tú decides qué quieres pensar, ¡nadie decidirá por ti! ¡No has sanado tu mente de tanta toxicidad y eso afecta tu alegría y tu energía! ¿En serio crees que no tienes el poder de decidir el tipo de pensamientos que mereces? Somos creados del amor y para el amor, por lo tanto, todos los pensamientos derrotistas no deben tener cabida en nuestra mente. ¿Dónde está la fe? ¿Dónde inicia la esperanza? Inicia con un pensamiento que desee cambiar la realidad.

No digas que no puedes controlar tus pensamientos, porque menos control tendrás.

No digas que es imposible dejar de pensar en todas la tragedias que pueden llegar a ti, mejor afirma que lo bueno y lo mejor está destinado para ti.

Decide ponerles un límite saludable a tus pensamientos.

Decide imaginar el mejor escenario para ti.

¿Qué personas siento que me afectan en la vida y tengo que alejarlas de mí?

Sin lugar a dudas ésta es la pregunta más difícil ya que inconscientemente creemos que somos malas personas si decidimos alejarnos de quienes detectamos que, "sin querer queriendo", nos dañan.

Nuestra naturaleza humana nos dice una y otra vez que debemos perdonar a los seres que más amamos y lo hacemos, pero de eso a permitir humillaciones, vejaciones, injusticias y malos tratos hay una gran diferencia.

Si afirmas convencido de que no estás dañando a nadie con tus acciones, no mereces ser maltratado ni humillado. Nadie merece que lo hagan sentir que no vale, mucho menos que no es digno de sentirse merecedor de respeto y confianza.

La duda se presenta cuando la persona que te hace sentir poco merecedor tiene una increíble capacidad de persuasión o chantaje emocional, y te convence, una y otra vez, que jamás hace o haría nada que podría dañarte, pero tristemente los hechos dicen más que las palabras.

Como ya lo dije, cuando se trata de agravios es bueno regalarnos el derecho de la duda, creer en ocasiones que la gente a veces dice o hace cosas que nos dañan pero no era su intención. Pero de eso a aceptar lo inaceptable es todo un reto.

Yo me regalo constantemente el derecho de la duda, pero si lo obsequio una vez, dos, tres veces y siguen las cosas igual, ¿quién es el responsable (por no decir culpable) de que no haya cambios? ¡Por supuesto que yo!

Como ya anoté en párrafos anteriores, por tu bien, decide hacer a un lado las emociones tóxicas que tanto te dañan. Decide alejarte de las personas que sólo traen problemas, negatividad y malas vibras a tu vida.

Enfrentar mi realidad y aceptarla es el primer paso para sobrellevarla de la mejor manera y superar lo que tanto daño me provoca.

Aceptar es una decisión muy difícil de tomar, sobre todo cuando considero injusto lo que estoy viviendo, lo que estoy seguro que no merezco y mucho menos imaginé vivir un día, pero la aceptación libera y hace que la carga sea mucho más ligera.

Hace tiempo leí esta frase:

"Lo que no dejas ir, lo cargas. Lo que cargas, te pesa. Y lo que te pesa, ¡te hunde! Hoy practica el arte de soltar, perdonar y dejar ir." ¡Zas!

¿No crees que ya es necesario soltar las cargas emocionales que te perjudican?

Es momento de decidir, por primera vez, por ti y por tu bien, ya que ese afán desmedido que tenemos de pensar siempre en los demás nos puede obstaculizar en gran medida para encontrar la estabilidad emocional.

Cada cambio causa estrés y mientras no estemos dispuestos a pagar el precio que significa cambiar una realidad a través de una decisión, seguiremos cargando con lo que nos hunde poco a poco.

Para finalizar este capítulo te comparto una serie de decretos muy poderosos, debes decirlos en voz alta para afirmar lo importante que es tomar decisiones oportunas:

"Por mi bien decido lo mejor para mí."

"Decido por lo que verdaderamente me conviene y elijo a quien merece estar a mi lado."

"Hoy decido poner un alto saludable y necesario a lo que me daña y me aleja de la tranquilidad."

"Mi actitud se fundamenta en mis pensamientos, mis acciones y mis decisiones."

"Hoy decido perdonar y ser feliz."

En conclusión:

1. La mejor manera de vencer el miedo es enfrentarlo. Si sabemos a qué le tenemos miedo, si conocemos la forma en que nos hace sentir, podemos buscar un mecanismo de defensa para sacarlo de nuestras emociones.

2. Antes de tomar una decisión ante una cuestión fundamental, piensa si eso le sugerirías a una persona que amas para que se sienta bien y su decisión sea provechosa.

3. Decidir es un privilegio, por eso debes hacerlo para tu beneficio y para el de las personas cercanas a tu vida. En la libertad de decidir debe estar contenida una reflexión previa, un deseo sincero y un propósito noble.

4. Cuando tomamos malas decisiones sentimos que el peso del mundo se viene sobre nosotros. No te agobies. No te angusties. Hasta de las malas decisiones se aprende, no lo veas como un fracaso, ahora tienes más experiencia, eres más sabio. Reitero: de todo se aprende en la vida.

5. Decido ser parte de una cadena de amor y no de miedo. Elijo cosas que me hagan sentir bien. Mis decisiones están orientadas a mi felicidad, mi buena salud y la sana convivencia con mi familia y seres que me rodean.

14

YA SUPÉRALO: NO DRENES MÁS TU ENERGÍA

Cuidado con los pensamientos desgastantes

"Llego a ese lugar y siento que me desgasto…"

"Platico con ella y como que me agoto más…"

"Termino cansadísimo después de una discusión…"

Somos seres de energía, y dicha energía puede estar gastándose aceleradamente por pensamientos nocivos, preocupaciones constantes, gente tóxica, alimentación incorrecta y lugares mal armonizados.

Pensamientos desgastantes:

Reitero, tenemos al día más de 70 000 pensamientos y la mejor forma de saber si son positivos o negativos es preguntarte en este momento: ¿Cómo te sientes? Y lo peor, en caso de que hayas contestado que te sientes mal, es que la mayoría de esos pensamientos negativos son repetitivos.

Sanear diariamente nuestra mente será una excelente elección y es más simple de lo que creemos.

Analiza los pensamientos repetitivos que tienes, verifica su fuente:

- ¿Qué es lo que estoy pensando más durante el día?
- ¿Qué siento al pensar en eso?
- ¿De dónde vienen esos pensamientos?
- ¿Puedo o no hacer algo por eso?
- ¿Puedo cambiarlos o sustituirlos por pensamientos positivos?

Por supuesto que los cambios no son una labor de unas horas o un día.

Pero lo cierto es que tú eres el único que decide qué pensar. Si otros han logrado un estado de paz y tranquilidad reservándose el derecho de pensar en lo que realmente vale la pena, tú también puedes hacerlo.

En su exitoso libro *Cambia de hábitos*, Valeria Lozano te ofrece muchas herramientas para ser mejor persona, cuando habla sobre los pensamientos tóxicos que nos dañan, nos descubre algo realmente valioso: "Cada vez que lleguen estos pensamientos negativos, sácalos de tu mente como reacciones condicionadas que no necesitas. Seguramente regresarán en otro momento, pero puedes alejarlos mil veces hasta que tengan menos fuerza y eventualmente desaparezcan. Es cuestión de ser consciente de lo que piensas, en lugar de dejarte arrastrar por el rumbo que tu mente decida." ¡Sopas! ¿Te das cuenta? ¡Saca pero a la de ya los pensamientos negativos que te lastiman! Olvídate de venganzas y rencores, ¡practica la eliminación de pensamientos negativos hasta que pierdan fuerza y frecuencia. No lo dudes, sí es posible lograrlo.

Y más todavía, Valeria Lozano nos invita a tomar las cosas con calma, a hacer una reflexión positiva orientada al bienestar, a relajarnos, y en lugar de maldecir, de confrontar neciamente y quejarnos, detener nuestro tren de amarguras y culpas, corajes y bilis, para mejor agradecer: "Desarrollar una actitud de agradecimiento constante y dejar a un lado las quejas que fomentan lo contrario, es la mejor forma de mejorar tu nivel de satisfacción con tu propia vida. Las quejas —aun las silenciosas— no sirven de nada, sólo generan energía negativa y te sitúan en una posición de víctima en la que puedes estancarte fácilmente, hasta que decidas ser autor de tu propio cambio, ya no un resultado de lo que pasa fuera de ti. Cuando una «queja» va sin emoción negativa implícita y con una finalidad constructiva, entonces tiene sentido, pero si es sólo una queja constante cargada de malas vibras y ganas de fastidiar o causar lástima, para qué hacerle caso."

Calidad en tus pensamientos

Te hago las siguientes recomendaciones que a mí me sirvieron enormemente en este importante proceso de sanación mental:

1. Únicamente de mí depende la calidad de pensamientos que permito en mi mente, y por lo tanto tomo la decisión diaria de analizar mis sentimientos para descubrir el origen de lo que siento. Los pensamientos siempre ocasionan sentimientos y decido tener sentimientos que me proporcionen paz e incrementen mi fe y mi energía.

2. Al llegar un pensamiento desgastante, derrotista o fatalista, lo cuestionaré con cuatro preguntas basadas en el libro *The Work*, de Byron Katie: ¿Es verdad? ¿Estoy absolutamente seguro de que es verdad? ¿Cómo me siento cuando pienso en eso? ¿Quién o cómo sería yo si no pensara en eso?

Cuatro preguntas que funcionan como filtro para constatar que las cosas no siempre son como las pensamos y pueden estar sujetas a un cambio positivo. No siempre es verdad que no significo nada para los demás, ni tampoco que las cosas van a empeorar. No siempre es verdad el sombrío panorama que presentan mis pensamientos ni tampoco es cierto que lo que estoy pensando se hará realidad.

3. Acepto que cada una de las células que integran mi cuerpo pueden ser afectadas o beneficiadas por la calidad de mis pensamientos. Cuando logro pensar y sentir positivamente secreto sustancias como la dopamina o la serotonina, que incrementan mi nivel de felicidad. Al pensar en forma negativa se incrementa el nivel de estrés y la secreción de cortisol, que dañan progresivamente las células. Por salud general, decido modificar la calidad de mis pensamientos.

Preocupaciones constantes. Si aplicáramos textualmente el término de pre-ocupación sería prepararme para hacer algo. Pero tristemente deseamos prepararnos también cuando no hay nada qué hacer. A veces, ante la mayoría de las cosas que nos preocupan, no podemos hacer nada en el momento para solucionarlas ni para eliminarlas. Nos preocupa la muerte, el futuro de nuestros hijos, la salud propia o de la gente que amamos, nos preocupa la posible falta de dinero o trabajo, y muchas cosas más de las que, por el momento, no podemos hacer nada.

¿De dónde nace ese pésimo hábito de preocuparnos sin cesar por una o mil cosas? Si con preocuparme por el futuro pudiera modificarlo, ya estaría con todas mis fuerzas pensando en eso.

Deseo ser lo más claro posible contigo: a lo que más centremos nuestra atención o más importancia le demos, crecerá. Entre más pensamos en lo que no deseamos que ocurra, más incrementamos las posibilidades de atraerlo a nuestra vida. Somos imanes vivientes y atraemos lo que más pensamos o más sentimos.

Investigadores de la Universidad de Wisconsin-Madison, en Estados Unidos, vincularon los pensamientos negativos con un debilitamiento del sistema inmunológico y llegaron a la conclusión de que uno puede "enfermarse de angustia". Estudiaron a 52 personas de entre 57 y 60 años como parte de su investigación. Por medio de una serie de preguntas lograron determinar si los voluntarios presentaban un nivel más alto de actividad mental en la zona del cerebro asociada con los pensamientos negativos o si la zona más activa era la asociada con los pensamientos positivos.

Una vez determinado esto, los investigadores administraron a todos una vacuna contra la gripe, que busca poner en acción el sistema inmunológico para que esté preparado ante una eventual infección.

"Las emociones juegan un papel importante en el funcionamiento de sistemas del cuerpo que influencian nuestra salud", destacó el investigador Richard Davidson, líder del experimento. También comentó que quienes habían demostrado mayor actividad en la zona negativa del cerebro tuvieron las peores reacciones inmunológicas. De esta manera, los científicos pudieron concluir que aquellos que tienden a ser pesimistas están más expuestos a enfermarse.

Rick Hanson, Ph.D., neuropsicólogo, fundador del Instituto de Wellspring para la Neurociencia y autor del bestseller *Los seres humanos son evolutivamente un sesgo de negatividad*, afirma que nuestra mente naturalmente se centra en lo negativo y descarta lo positivo.

Los estímulos negativos o pensamientos negativos producen una mayor actividad neuronal que los positivos y el cerebro los percibe con mayor facilidad y rapidez. Hanson describe el cerebro como "velcro para las experiencias negativas y teflón para las positivas".

De acuerdo con el blog Psychology Today, el darles vuelta a los pensamientos negativos puede dañar las estructuras neuronales que regulan las emociones, la memoria y los sentimientos. Aun cuando nuestro estrés y lo que nos preocupe estén basados en una suposición y no en una situación real, la amígdala y el tálamo (que ayuda a comunicar señales sensoriales y motoras) no son capaces de diferenciar este estrés hipotético del verdadero peligro y responden de la misma forma. Sin embargo, Hanson menciona que sí es posible cambiar nuestros patrones de pensamiento, incluso "el cableado" en nuestro cerebro.

Practicar la meditación regularmente no sólo puede ayudar a cambiar los patrones de pensamiento negativo, también ayuda al cerebro a enfocarse en lo positivo. Hanson también recomienda practicar la gratitud (llevar un diario de gratitud y escribir en él cada mañana porque está uno agradecido, es una forma de hacerlo), lo que puede ayudar a aumentar el bienestar psicológico.

Entre más pensamientos optimistas, esperanzadores y de agradecimiento tengamos, más posibilidades tendremos de atraer lo bueno y lo mejor.

Si aún crees que es casi imposible controlar tus pensamientos, mejor decídete a pensar en lo que sí deseas que ocurra, en lugar de insistir en lo que no quieres que pase.

Ya supera esa costumbre de preocuparte poniendo en movimiento tus falsas creencias. Si eres como yo, un creyente fiel de la existencia del amor infinito de Dios, ¿por qué no pones en movimiento la fe y aceptas que verdaderamente hace milagros? Haz lo que tengas que hacer y deja que el tiempo y Dios hagan lo suyo.

En conclusión:

1. Busca un estado de paz y tranquilidad pensando sólo en cosas que realmente valen la pena.

2. Tú eres dueño de tus pensamientos. Tú decides qué pensar. Si de pronto te ves atrapado en un pensamiento negativo, detente de inmediato y afirma: "Yo soy dueño de mis pensamientos y sólo me permito pensamientos positivos." Te darás cuenta que así, de manera consciente, elegirás siempre pensamientos claros y luminosos.

3. Aléjate de los vampiros de energía, crea un espacio donde sólo permitas buenas vibras y compañías agradables. Decide por acciones positivas, sin hablar mal de nadie, sin involucrar a nadie en chismes ni rencores.

4. No pienses en lo que crees que no ocurrirá. Piensa en lo quieres que ocurra y decide que así será.

5. No te preocupes, ocúpate. No te detengas a llorar, actúa llorando. Vale más decir: "Lo intenté convencido de mis fuerzas", a sentenciar: "No estuve convencido de mis fuerzas, ¡por eso no lo intenté!" ¡Sopas!

15

YA SUPÉRALO: EL DUELO. NO, MEJOR: LOGREMOS SOBRELLEVAR LA AUSENCIA

El dolor de la pérdida definitiva

En este capítulo me es muy difícil poner la palabra *supéralo*.

Podemos superar el duelo del adiós en una relación de pareja, según la autoestima que tengas, la evaluación a conciencia de los daños, preguntándote una y otra vez si te mereces a alguien así a tu lado, incluso con apoyo terapéutico; pero cuando se trata de la muerte de un ser querido, difícilmente podemos decir que todos pueden superarlo.

El tema respecto a la forma de sobrellevar el duelo por desamor lo tratamos en el capítulo "El infortunio de amar a quien no te ama".

Cuando la muerte llega como proceso natural, por la edad avanzada, después de muchos años vividos, por supuesto que puede ser asimilada con fortaleza y aceptación.

Pero ¿cómo pedirle a una madre que supere la muerte de su hijo?

¿Cómo pedirle a una familia con un hijo desaparecido que lo supere?

Son situaciones contra natura que duelen inmensamente y se convierten en procesos sumamente difíciles de aceptar.

Deseo que la lectura de este capítulo te ayude a sobrellevar el proceso del duelo hasta su etapa final, para liberar, de alguna manera, el inmenso dolor del adiós.

Sabemos que la muerte es la parte final de nuestra vida, que desde que nacemos y somos conscientes, tenemos conocimiento de que llegará, pero cuando se presenta de manera inesperada nada tiene sentido. Duele aceptar la partida de alguien que amamos tanto y más por el dolor que conlleva dejar de verlo, sentirlo, amarlo. Duelen sus recuerdos, sus ausencias; duele su silencio permanente.

Quienes hemos enfrentado de manera directa el dolor inmenso de decir adiós a un ser querido, sabemos que hay preguntas que generalmente no tienen respuestas: "¿Por qué se enfermó?" "¿Por qué tuvo que salir ese día?" "¿Qué necesidad tenía de exponerse de esa forma?" "Si siempre fue una persona buena, ¿por qué le quitaron la vida de esa manera?" "¿Por qué no estuve más presente?"

Eso y más nos preguntamos con dolor y generalmente no tenemos respuesta. "Pude haber hecho más..." "Debí estar más presente..." "No debí..." "Quise, pero no pude..." "No imaginé que fuera a irse así...", y otras inquietudes más que nos martirizan pero sin lograr avances en el proceso.

Preguntas sin respuestas o con suposiciones que aminoran un tiempo nuestra pena.

Superar a veces es imposible, pero sobrellevar el duelo sí es posible, siempre y cuando lo aceptes y desees enfrentarte al dolor.

Tristemente crecemos con la creencia de que el dolor es malo. Cuando un niño se cae, de inmediato lo levantamos y lo sobamos diciéndole que no pasó nada y agregamos frases para mitigar su posible dolor: "¡No tienes nada! ¡No llores, ya pasó! Sigue jugando..."

Cuando el adolescente llora, le pedimos o exigimos que no llore, que nada gana con llorar y menos por algo con tan poca importancia.

Cuando somos adultos nos dicen que no lloremos, por razones diversas, siempre con una buena intención: no deseamos ver que alguien sufra.

Sin embargo el dolor es natural, incluso necesario para tomar medidas inmediatas que nos ayuden a evitar complicaciones.

Pedirle a alguien que no llore en un duelo es similar a la desagradable experiencia que tuve recientemente al tener un dolor abdominal agudo.

Llegué a un hospital de la ciudad en la que vivo, a punto de gritar por un dolor agudo a la altura del estómago; pidiendo, suplicando, que me hicieran pruebas para descartar algo más delicado, pero la doctora de urgencias me dijo que no era necesario.

—Con antiácidos se le quita, doctor Lozano. Usted como médico sabe que este dolor es de úlcera péptica.

—Doctora, quiero que por favor descarten apendicitis, pancreatitis o cualquier otra palabra que termine en "itis" porque no padezco lo que usted me dice.

—Permítame tratarlo, doctor Lozano, entiendo su dolor intenso pero usted y yo sabemos que los médicos somos los peores pacientes —dijo esto con sarcasmo mientras, yo estaba tirado por el dolor en el suelo del cubículo de urgencias, implorando exámenes pertinentes para descartar algo más grave.

—Con esta inyección estoy segura de que mejora.

Y efectivamente mejoré, me dio de alta, mi confianza fue en aumento por unas horas. Tres horas después, de nuevo estaba retorciéndome de dolor. Ya imaginarás el desenlace de esta lamentable historia para quitar el dolor.

Un apéndice reventado con inicios de peritonitis.

Unos minutos más que hubiera tardado y hubiera sido peor.

Por una buena intención de quitar un inmenso dolor, las consecuencias fueron peores.

Aprendí mucho de esta lección.

¿Duele? Deja que hable y exprese su sentir.

¿Duele? No minimices ni menosprecies la intensidad de su pena.

¿Duele? No enmascares su dolor tratando de convencerlo de que no hay motivo para expresarlo.

Tener en mente las cinco etapas del duelo, explicadas hace años por Elizabeth Kübler Ross, puede ayudar significativamente. Todos pasamos por esas etapas y, dependiendo de las costumbres y el crecimiento personal y espiritual de cada quien será la rapidez para avanzar en el duelo. Éstas son:

Negación, enojo, negociación, tristeza y aceptación.

Tristemente hay quienes se quedan estancados en una de las etapas, quitándose la oportunidad de llegar a la más liberadora de todas: la aceptación.

Cada vez me convenzo más de que la muerte de un ser querido es más muerte nuestra que de él, pues nosotros ¡vivimos su muerte! Le lloramos a quien no está pero también nos lloramos a nosotros porque no veremos jamás a quien tanto amamos, por privarnos de su presencia, por extrañar tanto.

En mi experiencia como conductor de radio he tenido la oportunidad de aprender de muchas personas que han vivido duelos con reacciones diferentes. Madres que han sufrido la muerte de sus hijos, algunas lo han asimilado y aceptado, pero otras jamás podrán superar su pena. Hay personas con familiares desaparecidos que imploran a sus posibles captores que los liberen y mantienen la esperanza de que sus seres queridos sigan con vida. He entrevistado a mujeres y hombres que amaban tanto a sus parejas que ya no pueden continuar con su ritmo de vida por el gran amor que perdieron. Imagínate la calidad de personas que fueron para que sus parejas sientan que la vida no tiene sentido sin ellos.

Nadie está exento a vivir el duelo por la partida de un ser querido. Todos lo vamos a vivir, si no es que viven primero nuestra partida.

Por lo anterior y con el fin de ayudarte en tan duro proceso, quiero compartir mis recomendaciones en dos etapas: Etapa preventiva y etapa de recuperación.

Etapa preventiva

Algo puedo hacer para prepararme ante el dolor inminente que muy posiblemente viviré algún día.

¿Qué hacer para estar más preparado? ¿Qué aprendizajes y hábitos adquirir para enfrentarme con más fortaleza al dolor de decir adiós? Es obvio que, aunque tengamos muchos conocimientos sobre la pena y la sanación, siempre existirá el dolor ante la ausencia de quien tanto amamos. Pero te prometo que aplicar las siguientes recomendaciones puede aminorar el terrible impacto que un duelo ocasiona.

1. Acepta que la muerte es un proceso natural. Todos lo viviremos tarde o temprano. No seas parte de la gran población en el mundo que se rehúsa a hablar sobre el tema; claro, sin caer en la exageración. Podemos pensar que un día bajará el telón de nuestra vida pero nos rehusamos a creer que ocurra con la gente que amamos. Aceptar no es incitar a que suceda, es pensar en una realidad que duele, y entre más nos preparemos en éste y los puntos siguientes, podremos enfrentarlos con más entereza. Mi duelo más reciente fue el de mi padre, quien estuvo varias veces al borde de la muerte por una enfermedad que lo consumió poco a poco. El duelo fue paulatino, viví cada etapa y evité al máximo su sufrimiento. El dolor por su inminente partida se atenuó al entender que la muerte es el paso natural que él y todos daremos en algún momento. No cabe duda, la aceptación libera peso, disminuye ansiedad y ayuda a pensar en lo que sí se puede hacer en lugar de enfocarnos en lo que no se puede.

2. Da lo mejor de ti. Es importante tener en mente que todos tenemos una mejor versión de nosotros, y es precisamente esa imagen la que deseamos que quede grabada en el corazón de quienes influimos.

Si hoy supiéramos que nos quedan sólo 30 días de vida, nos decidiríamos por alguno de los dos caminos frecuentes: entrar en un estado de lamentación, queja, coraje, resentimiento, por lo poco que nos queda por vivir, y llorar desconsoladamente durante los 30 días, o disfrutar ese tiempo con la mejor actitud, pidiendo perdón a quienes dañamos, perdonando, agradeciendo, apreciando, disfrutando. No sé en cuál de los dos grupos encajaría yo, porque una cosa es suponer y otra vivirlo, aunque creo que optaría por la segunda opción. Pero la verdad, deseo de todo corazón no estar en esa situación.

Todos venimos con una misión a esta vida y depende de cada uno de nosotros descubrirla, vivirla, gozarla y dejarla como un maravilloso legado para nuestra familia y para quienes influenciamos.

Independientemente de la misión que tengas, está la maravillosa misión de ser miembro de una familia, una comunidad, un trabajo y también dar lo mejor de ti donde quiera que te encuentres, esto hará que tengas más estabilidad emocional y paz en tu corazón. La gente afable, amable, servicial, siempre tendrá más motivos para agradecer que lamentar.

Es muy cierta la frase: "De lo que más nos vamos a arrepentir, al final de nuestros días, no es de lo que hicimos, sino de lo que no hicimos", ¡sopas!, de lo que no gozamos, lo que no reímos, lo que no disfrutamos. Tenemos derecho a ser como queramos pero siempre con la consigna de facilitar la vida a quienes nos rodean y, si eso no es posible, debemos evitar al máximo el daño que podemos ocasionar con nuestras palabras o actos.

Quien está en paz, generalmente es más fuerte para asimilar y aceptar los cambios que se presentan en la vida, incluyendo la partida de seres queridos a quienes siempre les demostró amor.

No esperemos que se enciendan las señales de alarma por la posible partida de un ser querido. Llenemos la vida de quienes nos rodean de amor y perdón, para que cuando llegue la muerte sin avisar tengamos saldo a favor y no en contra.

Imposible en este momento no recordar la partida de una paciente con la que llegué a encariñarme de manera muy especial. Aurora era una mujer de 72 años, con siete hijos, con más de 50 años casada. Su matrimonio fue de altas y bajas, podría decirse que más bajas que altas y con una notoria variedad en la personalidad de sus hijos, la mayoría hombres y mujeres de bien.

A uno de ellos le resultaba difícil expresar el amor a su madre. La señora buscaba siempre que sus hijos estuvieran bien, sobre todo en su relación con ella. Pero ese hijo se rehusaba a expresar el mucho o poco amor que sentía por su madre. Hacía oídos sordos a la solicitud de sus hermanos que le pedían una y otra vez que tratara bien a su mamá porque un día inesperado podría irse para jamás volver, situación que se dio por una embolia fulminante que la dejó con muerte cerebral. Se mantuvo con vida mientras la familia aceptó la última voluntad de Aurora: donar sus órganos al momento de su muerte.

Entraron todos los hijos a despedirse de su madre y la imagen de Raúl la tendré grabada durante muchos años en mi mente para recordarme que la vida es prestada y puede terminar en un momento inesperado.

—Mamá, perdóname, por favor, mamita, haz una señal de que me estás escuchando. Por favor, perdóname, te amo muchísimo. Doctor César, ¿verdad que es cierto que cuando los pacientes están con muerte cerebral pueden escucharnos? —me preguntó con la misma esperanza que tuviera un hijo de ver a su madre levantarse en ese momento para abrazarlo.

La verdad en ese momento quise decir: "¡No sé, nunca he tenido muerte cerebral ni me he muerto!" Por la leve antipatía que sentía al constatar los malos tratos que generalmente tenía para su madre.

Pero son momentos tan duros y difíciles de asimilar que opté por decirle: "Existe la posibilidad de que los seres que están en transición puedan escuchar todo, así que no dudes en decirle todo lo que sientes." Su llanto fue desgarrador. Una escena muy diferente se dio con el resto de los hijos, quienes uno a uno se despidieron de su amada madre con el llanto natural que en esos momentos brota debido al dolor de un adiós inminente, ninguno mostraba las dosis elevadas de arrepentimiento anteriormente descritas.

La lección que aprendí fue enorme. Me dije: no tengas saldo en contra de nadie. Ahora procuro hasta lo imposible expresar mi amor, mi cariño y respeto a mis seres queridos. Intento ser la mejor versión para mis amigos y conocidos y, sobre todo, evito arrepentirme por palabras o acciones tomadas fruto de mi ego o mi enojo. Reconozco que no es tarea fácil, porque por naturaleza todos flaqueamos, pero sé que siempre existirá la intención de enmendar el camino y sanar corazones.

Vive de tal forma que, antes de que un ser querido se vaya, no te quedes con las ganas decirle cuánto significa para ti su presencia. Te garantizo que la siembra de amor será tu mejor consuelo en los momentos de ausencia de quien amas.

3. Alimento espiritual. Sé que si estás leyendo este capítulo tal vez sea porque quieres sobrellevar un duelo o adquirir herramientas para compartirlas con quien lo vive, o para cuando te toque vivirlo. Pero tengo que hablar también acerca de la costumbre triste y lamentable que la mayoría tenemos de buscar a Dios o a un poder superior sólo en los momentos difíciles.

Somos dueños de una mente poderosa que puede ser nuestra aliada en las dificultades o convertirse en nuestra peor enemiga; dueños de un cuerpo que, entre más saludable se encuentre, mejor reacciona, y de un espíritu que requiere alimento frecuente para fortalecernos en las crisis.

La mayoría creemos en un poder superior que rige nuestra existencia, pero durante la bonanza y los momentos de felicidad no todos tienen el hábito de recordarlo.

La ciencia ha publicado cientos de estudios que comprueban que quienes tienen fortaleza espiritual acostumbran a acudir a iglesias, templos o lugares específicos para practicar sus creencias y generalmente resisten con mayor entereza las adversidades de todo tipo. Quienes sufren una enfermedad y tienen mayor crecimiento espiritual o profesan mayor religiosidad tienen más posibilidades de sobrellevar la crisis con fe y buen grado de optimismo que quienes no creen en nada.

Te invito a que leas las investigaciones publicadas en mi libro *Actitud positiva... ¡y a las pruebas me remito!* estoy seguro de que te sorprenderás con los resultados de varios estudios que se encuentran ahí, te ayudarán a tomar una decisión importante: buscar consuelo en la adversidad pero también en la tranquilidad como medicina preventiva para enfrentar con mayor fortaleza lo que nos toque vivir.

Podría contar muchísimas historias de hombres y mujeres que he conocido y que han sufrido la muerte de alguno de sus hijos.

De entre tantas, te comparto la de Ana María, a quien conocí hace dos años; ella sufrió la muerte de su hijito de cinco años, ahogado en una piscina por un lamentable descuido. La incredulidad, la culpa, el dolor, la ira, la angustia, la desesperación y muchas emociones más salieron a flote en el momento del impacto, lo cual es normal. Aún escucho su llanto desgarrador al recordar los acontecimientos. Sin embargo, tanto ella como su esposo siempre fueron personas de fe, procuraban acudir a su culto religioso semanalmente además de participar en grupos de oración en las casas de quienes profesaban su misma religión.

Muchos nos cuestionamos cómo es posible que a gente tan buena y tan cercana a Dios le sucedan cosas así. La respuesta, estoy seguro, nunca la encontraremos, pero sucede y nadie, absolutamente nadie, estamos libres de padecer semejante tragedia. Después de realizar los servicios religiosos por la muerte de su hijo iniciaron un proceso de recuperación que resultará difícil de creer o entender, pero a la fecha han sobrellevado el duelo de una manera increíble, ayudando y consolando a otros padres de familia que han vivido el inmenso dolor de perder un hijo. La fe fortalece siempre, especialmente a quienes la practican constantemente, y que quede claro que no hablo sólo de religiosidad, sino del alimento espiritual que fortalece al cuerpo y a la mente.

Que se note que tenemos fe, que se note en nuestro diario vivir que creemos que todo tiene un para qué, que se note mi alegría de tener un Dios en quien creo y que me reconforta en los momentos más difíciles de mi existencia.

Etapa de recuperación

Cuando muere un ser querido, muchas personas evaden sus sentimientos de pérdida a través de diversas formas, como el exceso de trabajo, la comida, el alcohol, los viajes, distracciones con las que tratan de evitar pensar más en ese dolor tan grande que representa la ausencia de quien significó algo importante. ¿Cómo iniciar un proceso de recuperación?

1. Rodéate de familiares y de amigos que te sumen y puedan reconfortarte con su presencia. Está comprobado que es una de las principales estrategias para sobrellevar un duelo. El amor fortalece, reconforta y aminora las penas.

2. No intentes olvidar a la persona. Utiliza su recuerdo en forma positiva, atesorando los bellos momentos compartidos, las risas, los instantes que se hicieron memorables gracias a su presencia. Envía flores al cielo, evocando los buenos recuerdos.

3. Actitud positiva. Entrar en este tema quizá te hará recordar algo de lo que he escrito en mis ocho libros publicados: *Por el placer de vivir, Destellos, Despierta que la vida sigue, Una buena forma para decir adiós, El lado fácil de la gente difícil, Las frases matonas de César Lozano, No te enganches #TodoPasa y Actitud positiva... ¡y a las pruebas me remito!* En ellos comparto técnicas que pueden ayudarte enormemente a fomentar y desarrollar una actitud positiva que te fortalezca en los momentos de crisis.

Ser feliz, para mí, es ser fuerte. Ser feliz no es la ausencia de problemas, sino el entendimiento de que nadie está exento de sufrir adversidades, de sufrir pérdidas, tampoco es esperar que la gente sea como queremos que sea.

Quien practica la actitud positiva como estilo de vida puede recuperarse más pronto de un duelo. Te lo digo por experiencia.

De todas las técnicas que practico diariamente para ser optimista te compartiré las que más utilizo.

Iniciar el día con una sesión de agradecimiento

Siempre será la mejor forma de empezar el día. La gratitud diaria nos ayuda a recordar que siempre hay razones suficientes para vivir. Recomiendo que, para fomentar el hábito, escribas diariamente los motivos que tienes para estar agradecido. La gente pesimista y negativa quizá tendrá dificultades para realizar el listado debido al enfoque predominante en su vida, aquel que les señala que todo está mal, especialmente por la ausencia de alguien que le daba luz a su existencia.

Conforme pase el tiempo realiza tu agradecimiento en forma mental o verbal, cada día. Te puedo prometer que, con base en la constancia, tendrás días en los que tus motivos serán tantos que también pondrás lo no tan bueno, incluyendo el fin de una relación que a leguas se veía que no duraría. Siempre existirá un aprendizaje de cualquier ausencia y, al paso del tiempo, te aseguro que la paz vuelve. Agradece y aprecia todo lo bueno que tienes y que te rodea a pesar del dolor que vivas.

Estoy seguro de que has escuchado la palabra *Namasté*. Sé que para algunos es sólo una palabra utilizada en clases de yoga, pero en realidad proviene del sánscrito y es muy utilizada en gran parte de la población de Asia del sur, y en especial por los seguidores del budismo.

Representa el acto en el que reconocemos como personas a nuestros semejantes y celebramos, y agradecemos, su existencia. Les damos gracias por estar con nosotros y formar parte de este momento de la vida.

Al visitar la India aprendí que este sencillo acto de dar las gracias con la palabra *Namasté* no supone sólo reconocer al otro, también me reconozco como parte de este intercambio de nobles deseos. Un maestro en la India me enseñó que si ofrezco las gracias y hago una reverencia ante mi prójimo, le envío buenos deseos, nobles sentimientos y el mayor de mis respetos; si les deseo eso a los demás, lo mismo espero recibir.

Expresa tu sentir

Inicia con las emociones positivas que sientas. Busca en tu interior cuáles pueden ser a pesar del duelo que tal vez estás viviendo:

"Estoy muy contento por…"
"Me encanta estar contigo…"
"Qué emoción siento por…"
"Te agradezco tanto…"

No guardes los sentimientos que deben ser expresados. La alegría compartida es mucho mayor que la individual.

Cuando vemos algo que nos impresiona deseamos compartirlo con la gente que nos rodea, pero si no es posible queremos guardarlo en una imagen fotográfica o de video para no olvidar tan grato momento y compartirlo después.

Igualmente te recomiendo que no guardes tu dolor, exprésalo de alguna forma. Libera tu pesar sin necesidad de compartirlo a todo el mundo. Tú sabes quién pertenece a tu círculo sagrado y cuentas con esa persona para decir lo que vives y sientes. Si necesitas tu momento de soledad, vívelo, pero siempre con la consigna de detectar el momento para expresarte y evitar lo que llamo el efecto volcán u olla de presión, en el que es tanta la emoción negativa guardada que explotas de maneras diversas, incluyendo crisis depresivas o de ansiedad. Te puedo afirmar que son crisis terribles que nadie desea vivir.

Empieza actuando y terminarás creyendo

Tercera estrategia que me ha ayudado enormemente a fomentar mi actitud positiva en momentos de cansancio, tristeza, soledad, duelo o pesimismo.

Todos tenemos derecho a no ver siempre el mejor panorama. Tenemos momentos buenos y no tan buenos, y es en estos últimos en los que acepto lo que siento, analizo sus razones y expreso mi sentir como pueda, incluso con llanto liberador que tanto bien nos hace. Se vale llorar, se vale encabronarse, lamentarse, arrepentirse y, lo mejor de todo, se vale aprender y enmendar el camino, pero nunca darse por vencido, ya que al paso del tiempo todo, absolutamente todo, pasa.

Después de la introspección de sentimientos y emociones, recuerda que el dolor que sientes es tuyo, especialmente tuyo y de nadie más. Los demás viven su proceso de manera diferente. A final de cuentas la vida sigue para todos y nadie sabe qué pasa por nuestra mente, lo que verdaderamente sucede en nuestro mundo.

Mi recomendación es clara: empieza actuando como si todo fuera mejor de lo que vives, como si todo tuviera una solución que por lo pronto no visualizas, actúa con la certeza de que todo tiene que mejorar porque es un proceso natural, porque sucedió y mucho de lo que vivimos no tiene explicación.

Empieza tu actuación recordando lo bueno que sí tienes, con quién sí cuentas y lo que sí puedes. Actúa con una sonrisa, que al principio se expresará de manera fingida, pero te aseguro que conforme sigas esbozándola será cada vez más natural.

Actúa diciéndote que todo estará mejor, que aprecias lo bueno que viene a tu vida y lo agradecido que estás porque las cosas siempre pudieron estar peor.

Ser auténtico no es sinónimo de ser imprudente. Que tu autenticidad no sea tan extrema que ponga en evidencia todo tu pesar. Qué necesidad de expresar tu dolor a todo el mundo con una actitud apática, renuente, que termina por convertirte en una persona amargada y carente de esperanza.

Después de llorar lo que tengas que llorar, agrega una dosis de actuación magistral y terminarás creyendo que, efectivamente, lo estás superando. Al sonreír envías un mensaje a tu subconsciente de que las cosas van a estar bien y tú sabes el increíble poder que tiene el subconsciente para convencerte de que todo estará mejor.

4. Nada mejor que hacer actos de servicio. Ofrecer en su memoria acciones que puedan ayudar a otras personas a vivir mejor. La actividad y el servicio a los demás te ayudarán a mantener la mente ocupada en algo que dé frutos, gracias al recuerdo de quien ya no está.

Reitero, nadie está exento de sufrir una pena por la partida de un ser querido, por eso te pregunto: ¿Qué crees que debes hacer a partir de hoy?

Para cerrar este capítulo te comparto la siguiente reflexión, espero que toque aunque sea una parte mínima de tu espíritu.

Cuando creí...

"Siempre creí que lloraba por tu ausencia repentina, aprendí que me lloraba a mí por ese vacío de no tener más tu presencia.

Me creí inmune a padecer tanto dolor por un adiós que creí lejano, pero aprendí que las ausencias son parte de mi existir.

Siempre creí que lo natural es vivir sin dolor, pero aprendí que el dolor es parte de mi vida.

Creí que nunca iba a sobrellevar tanto sufrimiento, pero aprendí que siempre habrá quien nos fortalezca y una luz que seguir."

En conclusión:

1. Acepta que la muerte es un proceso natural. Sé que es dolorosa, sé que cuesta trabajo entender que nos

deje para siempre un ser querido, pero es inevitable. Expresa tu dolor, di lo que sientes, no te guardes nada: aceptación y confesión harán su tarea para disminuir el sufrimiento.

2. No esperes la muerte de quien amas para extrañarlo, mejor a partir de este momento conviértete en la mejor versión de ti: ofrece lo mejor de tus sentimientos, acerca a los demás tus alegrías, comparte tiempo de calidad. Vive tu presente con amor y generosidad.

3. Quien vive en paz es más fuerte para entender la pérdida de un ser querido. Procura llenar tus días de calma y entendimiento, pídele a Dios, al poder superior o a quien tú creas, fortaleza y entendimiento, aceptación y consuelo.

4. Si tienes deseos de llorar, no te detengas: llora lo que tengas que llorar. Equivocadamente nos han pedido muchas veces que no lloremos ante situaciones extremas, pero llorar alivia, sana, purifica, un llanto sincero limpia nuestra alma, cuando lloramos nos desahogamos y sentimos consuelo.

5. Agradece tu vida. Agradece las bondades de la naturaleza. Agradece a tus seres queridos, al amor, a la amistad. Agradece que te despiertas cada mañana en busca de un lugar en el mundo. Agradece que puedes reír, compartir, sufrir, llorar, ilusionarte, caminar, pensar... Agradece, agradece siempre porque, a pesar de todo, la vida es un milagro.

PALABRAS FINALES

Una vez más, muchas gracias, amiga lectora, amigo lector, por acompañarme en este viaje, en esta confesión y, sobre todo, en este paseo de reflexiones, anécdotas y enseñanzas que recibí de muchísimas personas que, sin saberlo, tocaron mi alma, para bien y para mal.

En estas páginas dejo parte de mi vida, te confieso experiencias propias muy fuertes que en su momento me arrancaron muchas lágrimas y que hoy veo con la tranquilidad que ofrece la distancia y la aceptación, ¡bendita aceptación que me permite agradecer a mi Dios y seguir mi camino!

Sé que aún me falta mucho, muchísimo por aprender, sé que mi misión en la vida no está concluida y también sé que soy un ser humano con muchos defectos, con graves carencias, pero con el deseo de superarme y ser mejor persona cada día, con el apoyo de mi familia y amigos y, sobre todo, contigo, que me acompañas paciente en cada historia, en cada lección de vida, en cada dato científico, en cada reflexión triste o dolorosa: gracias, gracias porque tú haces posibles estas páginas y alegras mi corazón.

Sólo deseo que este libro te sea útil, te acompañe alguna tarde y lo compartas con quienes te rodean.

A ustedes, gente bonita, gente valiosa, gente hermosa, que me sigue en mis conferencias, en la radio, la televisión y mis libros, a ustedes principalmente van dirigidas estas enseñanzas.

Todos tenemos en algún momento de la vida una inquietud, un gran dolor, una angustia tremenda que nos asfixia y nos roba el sueño, pero sabemos que hay un Dios, un ángel, un poder superior, una madre o un amigo que nos enseñará el camino para seguir un sendero luminoso y nos dirá: "Ya supéralo, no te detengas, avanza", siempre habrá la oportunidad de amar, de perdonarte, de creer y confiar.

Está en ti ser mejor persona, mejor padre, mejor esposa; ya supéralo, el tiempo no regresa, pero hoy sí puedes vivir feliz y sin rencores, algunas personas no debieron estar en nuestra vida, pero estuvieron y lo mejor es que ya se alejaron. Ya supéralo, la mayor felicidad está en ti.

Gracias, queridas amigas y queridos amigos, les deseo las bendiciones más grandes y los días más hermosos.

CÉSAR LOZANO

El doctor César Lozano es conferencista internacional, con gran éxito en México, Estados Unidos, Centro y Sudamérica. Experto en temas de salud, desarrollo humano y actitud positiva, es el conferencista número uno de México. Actualmente conduce el exitoso programa radiofónico *Por el placer de vivir*, que se transmite en 120 estaciones en México y Estados Unidos. Participa semanalmente en el programa internacional *Hoy* de Televisa. Además, es autor de los bestsellers: *¡Despierta!... Que la vida sigue, Una buena forma para decir adiós, Por el placer de vivir, El lado fácil de la gente difícil, Actitud positiva... ¡y a las pruebas me remito!* y *No te enganches,* entre otros.

Otros títulos del autor

Otros títulos del autor

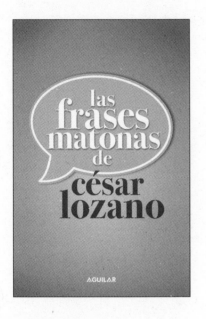